Karen Blixen et l'art du récit

Karen Blixen et l'art du récit

Edité par René Rasmussen

Odense University Press 1997

Subventionné par la Ministère de l'Éducation du Danemark.

© Les Auteurs et Odense University Press 1997
Impression Narayana Press, Gylling, Danemark
Illustration de couverture: « Deux chevaux avec une guenon » par Memling.
ISBN 87 7838 218 1

Odense University Press
Campusvej 55
DK-5230 Odense M
Phone +45 66 17 79 99
Fax +45 66 15 18 26

E-mail: press@forlag.ou.dk
Internet-location: http://www.ou.dk/press

Sommaire

Préface *7*

Régis Boyer : En lisant les *Essais* de Karen Blixen *9*

Ib Johansen : Le sphinx et la sibylle –
　Karen Blixen et le fantastique *18*

Morten Kyndrup : Les vertiges de la mise en scène.
　Autorité et narration dans *Sur la route de Pise* *40*

Philippe Bouquet : La cigogne ou le pictogramme du destin *57*

Johan de Mylius : Les voies du conte.
　Une esquisse de l'esthétique chez Blixen *60*

Birgitte Blomquist Debusigne : La narrativité – étude
　de la bande-son des films tirés d'œuvres de Karen Blixen *78*

René Rasmussen : Métamorphose et esthétique dans *Le Singe* *88*

Merete Stistrup Jensen: Figures de l'infini.
　Enonciation spéculaire dans *Tempêtes* de Karen Blixen *105*

Bo Hakon Jørgensen : Qui suis-je? – ou la métaphysique
　de la sensualité dans l'œuvre de Karen Blixen *120*

Marc Auchet : Le « Festin » de Karen Blixen *134*

Guy Vogelweith : *Alcmène* :
　une affaire de divorce entre le narrateur et l'auteur *150*

Les Auteurs *161*

Préface

Depuis la sortie du film hollywoodien *Out of Africa* et du film franco-danois *Le Festin de Babette*, l'écrivain danois Karen Blixen est mieux connue en France et dans le monde entier. Ces adaptations cinématographiques révèlent deux livres importants ; l'adaptation américaine est centrée sur le culte de la personnalité de Blixen – culte qui a ses racines dans la patrie même de l'auteur – , alors que *Le Festin de Babette* est une transposition cinématographique de l'œuvre originale. Blixen doit sa célébrité et sa popularité actuelles à ces deux films. Depuis leur sortie, on voit se multiplier les traductions en français des récits, des romans et aussi des essais de Karen Blixen.

Le présent ouvrage constitue une tentative de détacher Blixen du culte de la personnalité et de l'ombre d'Hollywood. Il ambitionne de faire mieux connaître cet écrivain unique dans l'histoire littéraire de notre siècle, au Danemark comme dans le reste de l'Europe. Il se propose aussi d'introduire le lecteur à la critique littéraire et esthétique qui gravite autour de cet écrivain. C'est ainsi que plusieurs articles traitent d'aspects importants de l'œuvre tels que la relation entre la vie de Blixen et ses textes, l'adaptation des textes au cinéma, les essais de Blixen, la sexualité, le fantastique et l'esthétique dans ses récits, l'importance du récit dans l'œuvre etc.

Ces articles n'abordent pas seulement différents aspects de l'œuvre de Blixen, ils proposent aussi des points de vue différents d'un même texte ou d'un même thème. Cette diversité des interprétations souligne le caractère inépuisable des matériaux de départ. Ses qualités de conteuse inscrivent Blixen dans le droit fil d'une tradition narrative d'« œuvres ouvertes », c'est-à-dire sans fin véritable. S'il n'est pas possible d'en donner une interprétation unique, les multiples facettes de l'œuvre et l'ambiguïté des caractères nous permettent pourtant quantité d'interprétations nouvelles et judicieuses.

René Rasmussen
Copenhague, Novembre 1996

Régis Boyer
En lisant les Essais *de Karen Blixen*

L'auteur de *La Ferme africaine* et du *Dîner de Babette* est connue, avant tout, pour ses récits et ce n'est que justice : le Danemark, qui, pourtant, n'est pas avare de talents narratifs, peut s'enorgueillir d'avoir enfanté une telle conteuse : elle est, comme son compatriote Andersen, de ces écrivains dont on ne se lasse pas d'entendre la voix, quel que soit le sujet dont elle a choisi de nous entretenir.

Mais on sait beaucoup moins, chez nous, que ce fut une essayiste de premier ordre également. Et Gyldendal ne s'y est pas trompé, qui a tenu à rassembler, à trois reprises (1965, 1978, 1985) ses *Samlede Essays* dont les éditions Des Femmes nous ont proposé, en 1987, une traduction française complète, sous le titre laconique d'*Essais*. Il s'agit, en fait, de divers textes, publiés à part ou dans des recueils plus amples, ou bien repris d'allocutions données à la BBC, à la Radio danoise, voire diffusés, d'abord, en anglais, ou encore parus tout simplement dans le *Berlingske Aftenavis*. Sur le ton inimitable qu'avait la grande dame de Rungstedlund, de cette voix inoubliable, paraît-il, pour tous ceux qui l'entendirent, Karen Blixen nous y parle, comme à bâtons rompus, de tous les sujets qui lui tiennent à cœur, soit qu'ils aient été dictés par l'actualité, soit, plus simplement, qu'ils relèvent de quelques-unes des préoccupations majeures d'un esprit étonnamment ouvert à tout ce qui passionna son temps – et le nôtre.

On peut y lire, dans l'ordre où ils sont rassemblés dans l'édition française : un très long essai sur le mariage moderne – qui revient à une apologie de l'union libre ; des considérations sur les relations des Noirs et des Blancs en Afrique, dans ce cher Kenya où l'auteur a passé de longues années ; une sorte de reportage effectué en Allemagne, en 1939, où Karen Blixen, avec un beau courage et une élégance racée, prend ses distances vis-à-vis du nazisme ; par compensation, sans doute, une très brève allocution sur la Grande-Bretagne enfin libérée du joug de la guerre ; quelques souvenirs où l'ancienne étudiante de

Beaux-Arts commente des fusains qu'elle fit, de personnages qui lui étaient chers ; un peu dans la même veine, des « daguerréotypes » qui ne sont que prétextes à évocation de souvenirs d'enfance ; une sorte de credo féministe en l'honneur de la grande pédagogue Nathalie Zahle ; un plaidoyer indigné contre la vivisection des animaux à des fins médicales – sujet qui connut, ces toutes dernières années, un vif regain d'actualité bien que le texte qui figure ici remonte à 1954 ; une vibrante exhortation à sauver de la ruine le domaine de Rungstedlund ; et enfin, ce qui aura été l'une des passions constantes de l'auteur, ces « devises de ma vie » dont elle dit avoir fait ses règles de conduite tout au long de son existence : en somme, sur le mode de la conversation à bâtons rompus, dans un grand luxe de citations de tous auteurs en toutes langues, avec un accent particulier, bien entendu, sur les voix danoises, notamment poétiques, un parfait tour d'horizon de tout ce qui intéressa la baronne Dinesen de son enfance à sa mort.

Les thèmes qui sont abordés et qui se retrouvent tous, à des degrés divers, dans tout le reste de l'œuvre, prennent peut-être plus d'acuité ici, du fait qu'ils se passent d'une affabulation romanesque et, donc, qu'ils apparaissent dans toute leur nudité. Mais une longue fréquentation des lettres scandinaves, danoises en l'occurrence, n'a jamais cessé de me poser une irritante question (irritante parce que la réponse ne va pas de soi) : comment se fait-il que de toutes petites communautés comme les scandinaves soient parvenus à enfanter des génies conteurs comme on en trouve bien peu ailleurs ? Et ce, dès les origines connues puisque, dès qu'elles surgissent, comme Athena sortant du cerveau de Zeus, elles témoignent, déjà, d'un degré de perfection qui, en un sens, ne sera plus jamais dépassé : nous avons perdu le secret des grandes sagas islandaises et les plus grands prosateurs danois ne sauraient prétendre avoir fait mieux dans leur danois que Saxo Grammaticus dans son latin. Ce tout dernier exemple est excellent : Saxo n'écrivait pas dans sa langue, ce n'est donc pas au génie propre de l'idiome danois qu'il doit sa précellence, mais bien au don, danois assurément, de conter, de raconter, en quelque langue que ce soit.

Il y a, dans l'idiosyncrasie scandinave, une capacité à dire et se dire, un ton de voix, un sens du récit, une présence personnelle qui ne se retrouvent nulle part, avec une telle constance et une telle efficace. Un seul trait suffira : relisez attentivement une saga islandaise et essayez de la résumer : vous la recopierez, purement et simplement. Essayez de supprimer une phrase de l'un des « contes gothiques» : vous l'appauvrirez. J'ai traduit beaucoup de Scandinaves dans ma vie : j'ai toujours été à la fois surpris et émerveillé du caractère indispensable de ce qu'ils écrivent, indispensable au sens d'absolument nécessaire à la compréhension exacte du texte. Les digressions, s'il s'en trouve, appartiennent à l'économie globale du récit, les supprimer revient à diminuer celui-ci. Et là encore, dès les commencements : il m'est arrivé de dépouiller minutieusement une saga comme *Eyrbyggja saga, (La Saga de Snorri le godi*, en français) et de croire y avoir trouvé tel ou tel détail qui me paraissait superflu à l'endroit où il figurait ; mais une vue globale de la saga démontre ensuite que ce ou ces détails jouaient un rôle éminent, serait-ce à cent pages d'écart, tant la science du narrateur était consciente, ou tant ces textes étaient dominés. De même, je me suis parfois appliqué, à des fins d'enseignement, à « démonter » des chefs-d'œuvre comme *Les Reines de Kungahälla*, de Selma Lagarlöf, ou *Les Oiseaux*, de Tarjei Vesaas, ou *La Mousse grise brûle*, de Thor Vilhjálmsson ; chaque fois, pour faire la même remarque : quelle étonnante abondance de matière narrative, quelle maîtrise admirable dans l'art de l'exposition et l'agencement des péripéties, quel sens du dialogue, quelle sobriété et quelle pertinence dans l'effet visé et obtenu – en somme, tout ce que l'on pourrait également dire des *Contes* de Karen Blixen.

Un bon Scandinave est resté, bien plus qu'un Français ou un Anglais, remarquablement proche de ses origines, conscient de son passé, attaché à la préservation jalouse de son patrimoine, culturel en l'occurrence. L'émouvante piété avec laquelle sont entretenus les moindres vestiges historiques dans tous ces pays en est une preuve patente, là où, dans le mien, on laisse carrément à l'abandon, quand on ne les maltraite pas, des témoins aussi intéressants du passé. C'est bien, d'ailleurs, ce réflexe qui dicte à Karen Blixen l'émouvant appel par lequel elle convie ses compatriotes à ne pas laisser périr Rungstedlund que hanta Ewald, entre autres. Enfin, membre d'une nation de presque soixante millions d'âmes et d'une communauté linguistique et culturelle qui avoisine les deux cents millions dans le monde, il fallait qu'il y eût, un esprit, une mentalité fascinants et comme magnétiques pour inspirer ainsi à de toutes petites communautés (les Scandinaves, tout compris, sont à peine dix-huit millions à l'heure actuelle) un tel culte de la tradition et, donc, de la chose écrite par laquelle cette tradition se perpétue d'âge en âge.

Il est exclu qu'une Karen Blixen ait surgi *ex abrupto* de je ne sais quel néant. Une continuité s'est établie – n'a pas pu ne pas s'établir – des origines à nos jours, dont les grands écrivains scandinaves sont les témoins, qui font irruption à l'avant-scène de l'histoire, de temps à autre. La découverte, quelles qu'en soient les incitations, de, par exemple, Tor Åge Bringsvaerd, Per Odensten ou Per Hultberg finit *toujours* par me ramener aux immortels monuments du Moyen Age. Attitude qui n'est pas si banale : je n'ai pas besoin de relire *la Chanson de Roland* pour apprécier Yves Bonnefoy, ni de relire *Le Roman de la Rose* pour aimer Michel Tournier, non plus que de revenir au *Jeu de la Passion* de Jehan Michel pour applaudir à Paul Claudel. Alors qu'irrésistiblement (je souligne cet adverbe), Gunnar Ekelöf me renvoie aux grands *scaldes* islandais par son amour de la sophistication de la forme, Andersen à toute la littérature de thaettir et Ibsen à une sombre tragédie comme la *Saga de Njáll le brûlé*. Au demeurant, on ne compte pas les grands écrivains scandinaves qui n'aient fini, un jour ou l'autre, par reconnaître leur dette envers les grands maîtres des XIIIe et XIVe siècles.

Il n'est pas possible que Karen Blixen n'ait pas connu, et connu intimement, les grands textes du Moyen Age scandinave, islandais et danois notamment et qu'elle ne leur doive, certainement, une part essentielle de son génie. Je ne me suis pas attaché à relire l'ensemble de l'œuvre « fictive » de cet écrivain car, la littérature étant ce qu'elle est, il est toujours possible d'imputer à imitation ce qui, bien souvent, revient uniquement à des variations sur de grands thèmes éternels. Mais les essais sont d'une autre nature : là, si telle ou telle allusion figure, c'est bien que l'auteur entend la faire servir à quelque chose dans l'économie d'ensemble de son propos. Une rivalité mortelle de femmes jalouses, cela est de tous les temps et de tous les lieux, il n'y a pas besoin d'aller en chercher à tout prix la justification auprès de Hallgerdr et de Bergthora, mais la référence, comme inconsciente et, en tout cas, parfaitement spontanée, à Gefjon, chez une Danoise, doit bien avoir un sens.

Il y a, dans les trois cent soixante pages des *Essais* de Karen Blixen, une bonne vingtaine d'allusions directes aux antiquités noroises. On dira que c'est peu de chose. L'auteur ne se préoccupe absolument pas du passé scandinave – c'est la raison pour laquelle j'ai donné, en commençant, la nomenclature des sujets traités dans ces essais –, les allusions ou références qu'elle fait viennent comme en passant, par une sorte de réflexe qui les rend d'autant plus précieuses puisque c'est là le gage d'une assimilation parfaite. Il lui eût pourtant été dérisoirement facile, puisque les thèmes féministes sont sa préoccupation principale, tout au long de ces pages, d'évoquer la condition de la femme scandinave ancienne, telle qu'elle ressort de la lecture des sagas et même de celle du moine (peut-être!) Saxo Grammaticus. Elle n'y a pas pensé, apparemment, preuve s'il en faut une du caractère parfaitement naturel et inconscient des évocations qu'elle fait du passé scandinave lointain. Personnages et motifs tirés des anciens textes font partie intégrante de son paysage mental, elle n'éprouve pas davantage le besoin d'insister sur ce fait que, par exemple, sur ses propres origines aristocratiques. Tout comme elle ne voit, apparemment, pas la nécessité de citer à loisir les passages de textes auxquels elle fait allusion dès qu'il s'agit d'antiquités nordiques, alors qu'elle n'y manque jamais lorsqu'elle se réfère à des auteurs anglais, allemands, français, etc... La première constatation, capitale, c'est donc que l'on peut parler, si j'ose dire, d'imprégnation tranquille.

Je ne m'attarderai pas outre mesure sur certaines images comme celle de la valkyrie à propos de la femme moderne, mais cependant non selon l'imagerie romantique traditionnelle (ou wagnérienne!) mais bien dans la vérité de l'esprit, dont je reparlerai plus loin ; elle a ce syntagme : « si l'on rêve à /.../ une valkyrie et esprit tutélaire » (où la coordination revient à une identification puisqu'esprit tutélaire n'a pas d'article défini en danois ici) qui dénote, à coup sûr, une exacte connaissance de la véritable nature d'une valkyrie. Ou bien elle se trouve en Angleterre et ne peut manquer de nous renvoyer aux vikings qui « traversèrent la mer et ravagèrent les côtes, et ainsi naquit l'Angleterre » : rien là qui surprenne. Pas plus que lorsqu'elle suscite, en qualité d'amants incomparables, avec Roméo et Juliette, Sigurd et Brunhild, encore que l'on se permettra de faire remarquer avec quelque malice et que le motif de l' « amour libre » n'est guère sensible dans les grands poèmes héroïques de *l'Edda*, ou qu'elle appelle en renfort, pour protester contre la dévaluation présente de la notion de royauté, Louis XIV et Harald Hårfager : la conjonction, c'est le moins que l'on puisse dire, ne va pas de soi et je crains fort que les pouvoirs de Haraldr Hárfagri n'aient guère été plus grands que ceux de Frederik IX! Ces quelques citations ne dépassent pas le stock de références dont toute petite Danoise cultivée devait disposer tout naturellement il y a environ un demi-siècle.

En revanche, je dresse autrement l'oreille lorsque je vois Karen Blixen citer deux strophes de la *Kormáks saga* où Kormákr chante les charmes de la belle Steingerdr et lui propose de se reposer avec lui « sous le toit de Freja », image que notre auteur reprendra à loisir. Il faut, non seulement qu'elle ait lu la saga, mais encore qu'elle en ait pénétré l'esprit puisque, comme on le sait, cette saga – une saga dite *de scalde* – a précisément ceci d'original que, peut-être pour la première fois dans ce type de littérature, elle nous propose un idéal d'amour « courtois » tout à fait étranger, semble-t-il, aux habitudes scandinaves anciennes en l'espèce. C'est donc consciemment qu'elle a choisi ce passage, au demeurant presque unique dans les sagas! Les textes antiques scandinaves étaient bien connus et diffusés au Danemark comme dans les autres pays scandinaves au XXè siècle, et Karen Blixen pouvait y avoir facilement accès. D'ailleurs, elle le confesse indirectement, lorsque, évoquant les musulmans qu'elle a connus dans ses séjours en Afrique, elle se dit frappée « de constater à quel point les simples peuplades, bonnes **musulmanes, que je** connus en Afrique avaient une philosophie commune avec les anciens Islandais tels que je les connaissais d'après les sagas ». Mon propos n'est pas de dire si elle a raison d'établir de pareilles similitudes, mais bien de fournir la preuve qu'elle avait fréquenté de près les grands textes islandais.

Il en va de même des poèmes eddiques ou de mythes relatés par Snorri Sturluson dans son *Edda* : là encore, Karen Blixen est au courant. Sachant la culture occidentale qu'elle possédait, connaissant son patriotisme, il aurait été surprenant qu'elle fût ignorante de l'existence de ces chefs-d'œuvre. Cela peut tenir à un détail que nous retrouverons plus loin car il n'a rien d'innocent : Karen Blixen fait allusion, à ce passage de l'*Edda* (la Völuspá, en vérité ; la scène figure également dans l'*Edda de Snorri*) où, après la conflagration du Ragnarök, les dieux retrouvent dans l'herbe des plaines d'Idi les dés d'or avec lesquels ils jouaient. On se dit encore que, lorsqu'elle évoque Gefjon qui est, en vérité, une toute petite déesse (peut-être une hypostase de Freyja), c'est pour sacrifier à un autre mythe également présenté par Snorri et par certains scaldes, qui fait de la déesse la véritable créatrice de la Sjælland : parfaite connaissance des textes tout comme la perspective comparatiste que lui inspire une vision globale de nos mythologies, où figurent à égalité Bucéphale, Pégase et « Sleipnir aux huit jambes ». L'auteur de ces *Essais* possédait sur le bout des doigts tout ce que femme bien née devait savoir des antiquités de sa propre culture.

En revanche, je ne réagis pas de la même sorte lorsque je lis, et toujours à propos des amours de Kormàkr et de Steingerdr, qu'elles auraient été consacrées par des hersir et des godar. Bien entendu, il faudrait, pour bien faire, signaler une erreur patente de Karen Blixen – les hersir étaient probablement des chefs de guerre, mais presque à coup sûr non des « prêtres » capables de consacrer une union matrimoniale – et un pesant excursus, pour tenter, une fois de plus, d'établir la véritable nature des godar. Qu'importe ? En revanche, ce qui compte, c'est que Karen Blixen soit allée d'instinct, à des notions qui, très vraisemblablement, représentaient ce que l'antiquité scandinave devait compter comme « aristocrates », même si ce dernier terme est incongru, à l'époque. Elle a choisi tout naturellement, parmi les notions que lui rappelaient ses lectures attentives, celles qui coïncidaient avec la ligne de plus grande pente de ce tempérament de dame altière, hersir et godar.

Dissertant des Noirs et des Blancs – et l'on se rappelle que l'auteur de *La Ferme africaine* a défendu avec une avance considérable dans le temps des vues qui sont devenues monnaie courante à l'heure actuelle

– Karen Blixen cite les célébrissimes strophes des Hávamál (dans *l'Edda poétique*) : « Le bétail meurt, les parents meurent, nous-mêmes mourrons finalement – mais je sais une chose qui jamais ne meurt, le jugement porté sur chaque mort » : nous savons, en effet, que la réputation que l'on laisse après sa mort était tenue par les anciens Scandinaves pour la plus haute valeur de leur éthique. Que cette Danoise, même parlant des Noirs, la reprenne à son compte, cela ne témoigne pas seulement d'une remarquable continuité, cela établit le caractère comme intangible, et en tout cas parfaitement spécifique, d'une sorte de credo. D'autant que, dans le même long développement, nous revenons exactement sur le même thème : les Noirs, nous y dit-on, sont sensibles plus qu'à tout à « la bonne réputation », et Karen Blixen d'établir aussitôt un parallèle strict avec les anciens Danois. Je ne cherche pas à savoir ici si la comparaison entre deux types de cultures « primitives » (adjectif affreux et stupide, en vérité) est congru, j'entends uniquement souligner la rare pertinence avec laquelle cette Danoise a pénétré, d'emblée, la *Weltanschauung* de ses lointains ancêtres.

A plusieurs reprises, et en particulier dans l' « Essai sur le sacré chez les anciens Scandinaves » (qui figure en tête de la traduction commentée de *L'Edda poétique*), le Destin, avec majuscule, était probablement le *deus otiosus sed omnipotens* de la mythologie des anciens Scandinaves. Ce n'est pas Karen Blixen qui m'aurait désavoué, me semble-t-il, elle, l'auteur des *Skæbneanekdoter!* Peut-on mieux dire que le hasard, ou, au moins, une certaine figure du Destin, préside aux actes et des dieux et des hommes ? Karen Blixen parle, elle, de fatalité : le terme a des connotations trop cruelles et gratuites pour que je le croie idoine. Mais il reste qu'elle a bien vu ce ressort essentiel. Et si nous en cherchons une expression encore plus convaincante, il nous suffit de lire que la vieille bonne d'enfants qu'avait eue Karen Blixen rendait des arrêts devant lesquels tout le monde s'inclinait. Et Karen Blixen de conclure en disant : « Plus haut que les verdicts d'Odin, il y avait les décisions des Nornes ». Certes! C'est même pénétrer en profondeur l'esprit d'une mythologie et de textes tout entiers immergés dans un grand bain fatidique.

Telles sont les modestes réflexions que m'inspire une lecture non orthodoxe, assurément, des *Essais* de Karen Blixen. Mais est-il possible de percer le beau secret d'écriture et de composition ? et importe-t-il réellement ? Karen Blixen d'une part connaissait fort bien ses anciens textes, d'autre part en avait pénétré l'âme qu'elle a reprise à son compte. Et que faut-il davantage ? Elle est celle qui a écrit, dans ses *Nouveaux contes d'hiver* (*Premier conte du cardinal,* dans l'édition française de 1977) : « L'art divin, c'est l'histoire. Au commencement était l'histoire » Certainement, et ce n'est pas moi qui la désavouerai. Mais je tiens qu'en effet, elle est remontée, d'instinct, voire inconsciemment, à « son » commencement – qui se perd sans aucun doute entre milieu du XIIe et fin du XIIIe siècle.

Ib Johansen
Le sphinx et la sibylle – Karen Blixen et le fantastique

L'univers narratif de Karen Blixen a été souvent rapproché de la littérature fantastique (ne serait-ce qu'à cause du titre de son premier recueil : *Sept Contes gothiques* (1935), initialement en anglais *Seven Gothic Tales* (1934)). Néanmoins, son rapport au genre – ou devrions-nous plutôt dire au « mode » ? [1] – a quelquefois été mis en question. Le critique danois Bo Hakon Jørgensen, entre autres, a quelques réticences : « Des sept contes gothiques de Karen Blixen, un seul semble vraiment fantastique, *Le Singe*... » [2]. Pour Bernard Glienke, trois contes seulement de Karen Blixen correspondent à la définition actuelle du fantastique : *Le Singe* et *Une Soirée à Elseneur* dans *Sept contes gothiques* et *Histoire du petit mousse* dans *Contes d'hiver* [3]. Il faut reconnaître que les textes des *Sept contes gothiques* ne se prêtent pas tous, tant s'en faut, à une approche analytique sous l'angle de la théorie du fantastique. Un conte comme *Le Vieux chevalier errant* est une fable suggestive sur l'interférence catastrophique entre l'état d'innocence de l'homme et son état d'expérience ; mais, dans ce conte, les effets fantastiques sont sciemment affaiblis au point qu'ils sont difficilement repérables : ils n'y apparaissent que sous forme atténuée, métaphorique. Néanmoins, il y a *plusieurs* textes de Karen Blixen susceptibles d'être interprétés dans une perspective fantastique. Dans ce qui suit, je me concentrerai sur sept de ces récits : *Le Singe* et *Une Soirée à Elseneur* de *Sept contes gothiques*, *Histoire du petit mousse* de *Contes d'hiver*, *Les Caryatides. Un conte fantastique inachevé*, paru pour la première fois en 1938 et publié en français dans *Nouveaux Contes d'hiver* (Gallimard,1977), *Le Plongeur* dans *Le Dîner de Babette* (1958, Gallimard, 1961) et finalement *L'Ours et le baiser* (1975, dans *Les Fils de roi*, Gallimard 1988). *Les Voies de la vengeance* (1944, Gallimard 1984), un roman d'horreur gothique, ont été publiées sous un pseudonyme. Les sept textes choisis se présentent comme des variations sur le thème ou la stratégie du fantastique, dans la mesure où, comme le dit Tzvetan Todorov, le fantastique est défini comme une crise interprétative, une hésitation concernant le supranaturel et ses manifestations : « Le fantastique, c'est l'hésitation éprouvée par un être qui ne connaît que les lois naturelles, face à un événement en apparence surnaturel » [4]. Cependant, on pourrait trouver un élément commun aux textes analysés dans la position problématique que *le féminin* occupe dans l'univers de fiction – une féminité qui est à la fois trop près et trop loin de l'ordre symbolique. Ainsi, la loi du père se manifeste sous le signe de la négation, le Nom du Père devenant le Non du Père, ainsi que le souligne le passage d'*Une Soirée à Elseneur*, où Dieu à plusieurs reprises dit non au protagoniste masculin :

> La terre dit oui à nos plans et à notre travail, mais la mer dit non. Et nous, nous aimons la mer. Et entendre Dieu dire non de sa propre voix dans le grand silence, c'est bon pour nous. Le ciel étoilé au-dessus de ma tête me disait non, lui aussi. Comme une femme noble et fière. (Scg, p. 334).

De toute évidence, la fiction en prose de Karen Blixen a des points d'attache avec les récits d'horreurs « gothiques » à la Henry James ; il serait pertinent, par exemple, de comparer *Le Tour d'écrou* (1898) d'Henry James et ses réflexions sur une sexualité interdite, « indicible » ou métaphysiquement suspecte – est-ce le fruit de quelque fantasme ou quelque hallucination de la part de la gouvernante ? – avec le « roman de gouvernante » de Karen Blixen/Pierre Andrézel, *Les Voies de la vengeance*. Mais dans ses textes, Karen Blixen travaille en plus constamment sur le *mythe*, en utilisant, dans son univers fictif, une série de modèles narratifs « supérieurs » qu'elle réécrit, parodie et auxquels elle fait sans cesse allusion. Dans cette perspective, il importe de rappeler les cinq différents niveaux littéraires que Northrop Frye distingue dans son *Anatomie de la critique* (Gallimard, 1969) (et qu'il appelle lui-même « modes ») : 1) le mythe, 2) le romanesque, 3) le mode mimétique supérieur, 4) le mode mimétique inférieur, 5) le mode ironique [5]. Le mythe représente, dans le cadre de ce modèle, le niveau supérieur, ce qui correspond à la fonction que le critique littéraire

Bernhard Glienke attribue au mythe dans l'univers narratif de Karen Blixen :

> Le cas idéal est ici que l'Ironie, l'Extraordinaire se rapportent au Connu, à l'Ordonné du mythe. Les mythes ne sont ni plus ni moins que des précédences [*Präzedenz*] fatales, de belles et justes images imprégnées par le Destin. Ils ne fournissent aucune certitude bourgeoise mais, au contraire, forme, jouissance et justification esthétique du monde. [6]

Le pathos esthétisant aux accents nietzschéens qui se laisse entrevoir dans cette citation peut en soi être problématique mais, dans le contexte blixenien, il est toutefois essentiel de souligner *l'écart* (insurmontable ?) entre l'idéal et sa « réalisation » littéraire : le jeu intertextuel entre les mythes et les textes qu'ils ont engendrés (ou, au moins, qu'ils ont contribué à créer), ne reste qu'un *jeu*. Les mythes ne se laissent pas répéter, et quand, dans les contes de Karen Blixen, les modèles mythiques sont combinés aux *glissements* fantastiques, ils sont forcément déviés par rapport à eux-mêmes : ils se tiennent de façon « oblique » par rapport au niveau narratif mimétique (supérieur ou inférieur).

En ce qui concerne la « déconstruction » par Karen Blixen des idéaux mythiques, deux figures serviront de clefs interprétatives pour les exemples d'analyse choisis : d'une part la figure du Sphinx (i.e. la femme en tant qu'elle pose des énigmes), d'autre part la Sibylle (i.e. la femme en tant qu'elle résoud des énigmes). Dans ces deux figures, il est question du *savoir* et du *pouvoir* féminins. Elles ont des affinités particulières avec la littérature fantastique, dans la mesure où l'énigme comme forme littéraire est, pour ainsi dire, incrustée dans la charpente structurelle du texte fantastique : l'hésitation que Todorov thématise dans sa théorie du fantastique implique une crise d'interprétation ou de connaissance provoquée par un ou plusieurs éléments « énigmatiques » dans l'intrigue, des événements qui ne peuvent être qualifiés ni de naturels ni de supranaturels.

Le Singe

> La fable du sphinx se répète
> un jour après l'autre :
> L'énigme que tu ne peux pas
> résoudre te détruira.
> F. Hebbel (1858).

Les critiques de Karen Blixen s'accordent généralement sur le fait que *Le Singe* respecte les contraintes formelles inhérentes au texte fantastique.

Le mode fantastique en jeu dans *Le Singe* se décline à plusieurs niveaux. Chez le protagoniste (Boris), on constate par exemple, une incertitude épistémique fondamentale concernant ce qu'il voit ou ce qu'il perçoit ; une problématique donc de la perception ou, comme le dirait Irène Bessière, une « poétique de l'incertain » [7]. Durant son voyage de Hopballehus au couvent de Seven, où il a été logé chez sa tante, la prieure, Boris a l'impression très nette de se mouvoir à travers un paysage hanté :

Et soudain, le sentiment précis que quelque chose d'insensé, de dangereux se tramait, que des puissances mystérieuses rôdaient, l'envahit...Plongé dans cet étrange tumulte nocturne, alors que se déchaînaient autour de lui des choses inanimées, il se sentait, lui, son attelage et ses chevaux pommelés, d'une sinistre petitesse, exposés aux pires dangers. (Scg, p. 174).

Immédiatement après cette expérience « démoniaque » de la nature, Boris voit dans un éclair le singe disparaître dans les ombres du « bosquet de la prieure » (Scg, p. 174). Les implications sexuelles sont évidentes, mais, en outre, comme chez Freud, ce sentiment d'inquiétude se rapporte à la résurrection de « l'ancienne conception animiste du monde » [8]. Ce qui est intéressant ici c'est que l'anti-cosmos pan-animiste, cauchemardesque et « dionysiaque » est en relation directe avec la figure omniprésente, qui donne son titre au conte : le singe. Il y a d'ailleurs plusieurs éléments dans le texte qui nous permettent de croire que la relation entre le singe et sa propriétaire, i.e. la tante de Boris, relève de la *magie noire*, à savoir que le singe/*doppelgänger* de la prieure est son esprit serviteur matérialisé en animal (en anglais : son *familiar*). En ce qui concerne la « métamorphose » qui se produit à la fin du conte, il n'est peut-être pas vain de se souvenir que l'esprit serviteur d'une sorcière est à même de se subsistuer à elle : « Le *familiar* servait la sorcière dans maintes de ses tâches, et échangeait en plus sa forme avec elle » [9].

La prieure ressemble à la figure classique de la sorcière, non pas seulement à cause de la métamorphose finale et sa possession du et par « l'esprit serviteur » (le singe) — nommé son « conseiller secret » (Scg, p. 146) par les nobles demoiselles et veuves du couvent de Seven — mais aussi à cause de son rôle d'entremetteuse dans les projets de mariage de son neveu. En pratique, le mariage est devenu pour lui une obligation depuis qu'il s'est vu mêlé à un scandale homosexuel dans la capitale. Quand la tante le persuade de séduire — et si nécessaire de violer — sa future, Athéna Hopballehus, elle lui remet une potion aphrodisiaque pour qu'il puisse mener à bien son plan. Elle accompagne l'absorption de la potion d'amour d'une étrange formule d'incantation : « Aide-le maintenant, bon Faru » (Scg, p. 193). Ici, il faut se rappeler que « faru » veut dire rhinocéros en swahili, et que la poudre de rhinocéros en Afrique comme en Asie, est considérée comme un stimulant sexuel fort efficace.

Le fantastique se présente en outre à deux reprises dans les récits que la tante raconte pendant « le grand souper de séduction » (Scg, p. 181) au couvent, où l'intrigue érotique — et sa machination matrimoniale — culminent : le récit de la sainte famille à Paris « à la Noël 1721 » (Scg, p. 185) et le récit de l'éléphant africain capturé en Inde et des « éléphants d'Afrique, fantômes » (Scg, p. 190) qui essaient en vain de le libérer de sa cage : « Les indigènes croyaient qu'ils cheminaient sur le fond de l'océan, pour faire surface près du débarcadère... » (Scg, p. 190). Les deux récits dans le récit produisent une sorte de dédoublement, car ils thématisent la faillite de la morale classique et de la métaphysique : la transcendance est dépourvue de sens, qu'il soit divin ou démoniaque, que ce soit la sainte famille ou les éléphants d'ombre :

l'élite au pouvoir sous la monarchie française ne peut qu'esthétiser ou sentimentaliser l'expérience divine – la joue du petit Jésus se voit ainsi comparée à « des fraises à la crème! » (Scg, p.187), et l'éléphant africain *meurt*, à son tour, dans sa cage. L'enchantement du monde est depuis longtemps brisé, et cette *Entzauberung* globale imprègne fondamentalement la qualité de vie de l'homme moderne – sa joie de vivre autant que son sentiment tragique de la vie. Le mariage imminent de Boris ne peut échapper aux conséquences radicales de cette crise éthique et institutionnelle – ni la *sainteté* du sacrement ni la *liberté* ou *intégrité* de l'individu ne restent crédibles. Autrement dit, l'idéal religieux autant que l'idéal bourgeois ont perdu toute validité.

L'usage par Karen Blixen, dans *Le Singe*, d'un vaste appareil mythologique devient partie intégrante d'une stratégie narrative ironique et parodique. Sans cesse, les personnages principaux du conte se trouvent comparés à des figures du Panthéon classique ou de la tradition chrétienne : la virginale Athéna Hopballehus est à la fois Pallas Athéna et Diane-Artémis, mais elle devient aussi « Azraël, l'Ange de la mort » (Scg, p. 177), Boris devient Oreste ; le père d'Athéna « pareil à Samson » (Scg, p. 162) constitue en outre pour Boris, en tant que représentant imposant de la loi du père, une menace de castration [10]. Dans sa lettre à Boris, où il lui fait part du rejet par Athéna de sa proposition, le vieux comte compare lui-même sa fille à un *psychopompos* classique : « Mon flambeau sur le chemin de la tombe » (Scg, p. 177). Et ici, de nouveau, apparaissent clairement des réminiscences mythologiques, puisque la relation entre le comte et Athéna rappelle la relation entre Œdipe aveuglé et sa fille Antigone chez Sophocle ou, chez Blake, entre le roi tyrannique Tiriel et sa fille Hela : « And Hela led her father through the silent of the night / Astonished silent. till the morning beams began to spring » [11]. Le comte incarne une aristocratie en voie de perdition, et toute son histoire – l'interminable procès en Pologne et le gain miraculeux de ce procès – porte la marque d'un certain tragique d'arriver trop tard, résultat inévitable du processus même de modernisation et de démythologisation.

Dans la tradition iconographique chrétienne, le singe est à la fois une figure du Diable et un génie de la luxure. Mais grâce à son talent mimétique/imitatif, le singe devient aussi une figure propre à détourner ou détrôner de manière carnavalesque la mythologie classique – le singe est le *simulacre* de l'homme. A en croire l'historien de l'art H. W. Janson, le singe pouvait, dans les œuvres marginales médiévales « être utilisé comme un symbole de la dévotion hypocrite pour parodier le rituel liturgique. On le trouve avec goupillon et bénitier en tête du cortège funèbre de Renard le rusé ; s'inclinant devant l'évêque ; ... portant la mitre ; ou même en train de célébrer la messe. » (12) Le singe a également ce rôle parodique dans le conte de Karen Blixen, et le lecteur est témoin d'une véritable parodie sacrée dans le récit de la visite de la Sainte Vierge à Paris en 1721 : le roi invite la Sainte Vierge à « souper chez la duchesse de Berry » (Scg, p. 186). Le Roi est vraisemblablement responsable de la grossesse de sa propre fille, et les acteurs profanes présentent ainsi leur propre version *dégradée* de l'Immaculée Conception.

Le singe, le double de la prieure, essaie, déjà dès le début du texte, d'*atteindre l'écriture* mais arrive seulement à mettre à sac la bibliothèque du couvent « en arrachant pour les disperser sur le dallage de marbre des pages jaunies d'in-folio centenaires traitant de stratégie, de contrats de mariage princiers ou de procès de sorcières » (Scg, p. 145). C'est-à-dire que le singe *lit* vraiment l'histoire des sujets traités dans ce conte : la prieure est la stratège, elle essaie de marier Boris à Athéna Hopballehus et elle présente tous les attributs d'une sorcière.

Le singe est relâché dans le texte (l'écriture) au moment où la figure menaçante et castratrice du père (le comte) a disparu de l'histoire. Boris attend en vain celui qui représente la loi du père, le vieux commandant :

> Il était seul à table, dans la tiédeur comfortable de cette pièce – comme au dernier acte de l'opéra de Don Juan...attendant l'arrivée du Commandeur, ajouta-t-il pour lui-même. (Scg, p. 175).

L'idée, c'est qu'il ne viendra jamais! A sa place, arrive « la vraie prieure du couvent de Seven », qui se dépouille de sa peau de singe comme si de rien n'était. Elle s'adresse à Boris et Athéna avec un bon mot : « *Dis-*

cite justitiam, et non temnere divos », citation légèrement abrégée du sixième chant de l'Eneide (VI, 620). Il est révélateur que ce soit « la cruelle Sibylle », le guide spirituel d'Enée dans les Enfers, qui prononce ces mots sur la vie désolée des grands pécheurs – les titans et les blasphémateurs – dans l'au-delà : « De l'exemple apprenez qu'il ne faut point mépriser la justice et les dieux » (ibid.). La prieure parle déjà au début du texte « avec une lenteur et une autorité sibyllines » (Scg, p. 152) et apparaît par la suite comme un *psychopompos* qui guide les jeunes gens dans les enfers de la pulsion (l'inconscient), mais affaiblit l'élément didactique de la descente aux enfers de Virgile en passant sous silence la valeur dissuasive de l'exemple. A vrai dire, sa phrase semble déplacée dans la mesure où la « métamorphose » (Scg, p. 206) qui vient d'avoir lieu – où le singe est devenu prieure et vice versa – met en question la dignité de la prieure en mélangeant de façon grotesque l'humain et l'animal, la loi et la pulsion. En tant que figure fantastique de l'ambivalence sorcière/entremetteuse, la prieure manie les « impossibilités » et mélange tous les genres ; ainsi le singe devient le *signifiant* incontrôlable qui ébranle l'ordre symbolique tout entier. Après la métamorphose finale, « il bondit, léger et gracieux sur un piédestal qui supportait un buste du philosophe Kant... » (Scg, p. 206), ce qui revient à dire que le désir/le diable/la chair sont élevés au rang de (et au détriment) de la spiritualité et de la tête. Que serait la métaphysique occidentale – ou la tradition idéaliste – sans ce contrepoids ?

Une Soirée à Elseneur et Les Caryatides

Dans *Le Singe,* la prieure est incapable de trouver une solution satisfaisante aux mystères de l'amour que doivent affronter les jeunes gens. C'est une autre figure, la femme qui pose des énigmes, qui domine dans le texte. Ce thème apparaît déjà lorsque Boris arrive à Hopballehus et qu'il voit le manoir reposer « avec une majesté de sphinx au soleil couchant » (Scg, p. 162), comme une sorte de marque emblématique suggérant que les énigmes et antinomies du texte resteront sans solution jusqu'à la fin. Dans *Une Soirée à Elseneur* les énigmes du récit sont liées à ce qu'avec Freud on pourrait appeler le « complexe de famille » ou « la romance de famille » car ici, ce sont les relations quasi-incestueuses entre le protagoniste Morten et ses deux sœurs Fanny et Eliza qui constituent le moteur du déroulement compliqué et fatal des événements. Morten est pourtant sur le point de se marier avec une beauté d'Elseneur, mais il fait faux bond sans explications le jour de son mariage :

> Le mariage était prévu pour mai...et toute la ville attendait impatiemment ce jour, qui, en fait, ne vint jamais. Le matin même du mariage, on s'aperçut que le fiancé avait disparu, et on ne le revit plus à Elseneur. Ses sœurs, pleurant de tristesse et de honte, devaient apporter la nouvelle à la fiancée, qui s'évanouit, resta longtemps malade et ne se remit jamais tout à fait. (Scg, p. 290).

Comme le philosophe danois Villy Sørensen et d'autres l'ont souligné, les fiançailles sont par définition une période critique, particulièrement propice aux enchantements et ensorcellements [13]. Pour la famille et la bourgeoisie provinciale d'Elseneur, la disparition du futur mari demeure pendant des années une énigme qui sera seulement résolue lorsqu'il retournera à la maison de son enfance en *revenant* et expliquera à ses deux sœurs, ce qui l'avait ensorcelé :

> Je tombai amoureux. Ce fut le coup de foudre dont parlait toujours l'oncle Fernand... Elle appartenait à un autre, de sorte que je ne pouvais l'obtenir sans agir contre la loi et l'ordre. Elle avait été construite à Gênes. C'était une frégate française, et tous savaient que jamais oiseau plus léger eût volé sur l'Atlantique. (Scg, p. 326).

Le navire qu'il n'a pas pu s'empêcher de voler porte le nom de la sœur cadette : *La Belle Eliza*. Ainsi la séduction reste dans la famille. L'évasion de Morten est d'une certaine manière la mise en scène du rêve des deux sœurs et un frère d'une vie aventureuse, non-provinciale, non-bourgeoise (« ...comme nous languissions alors, de toutes nos forces, corps et âme, entrailles comprises, de quitter Elseneur. » (Scg, p. 336)).

Avec le temps, il devient, dans la mémoire des siens, un aventurier, mais dans son exil prolongé, il perd progressivement tous ses biens, y compris *La Belle Eliza* et s'approche à la fin d'un sentiment d'apesanteur qui le vide de toute substance (« A partir de ce moment, je n'ai plus eu de poids, car j'avais jeté mon ballast par-dessus bord, il était avec elle. » (Scg, p. 329)). Après le vol de *La Belle Eliza*, il devient un véritable pirate et termine sa vie « pendu à la Havane » (Scg, p.335). Sa déroute sociale le prédispose à rentrer au foyer en fantôme – une thématisation à la fois du retour du fils prodigue et du refoulé. Ses sœurs aussi s'approchent du même état d'apesanteur : le soir où, d'Elseneur, la ménagère Madame Bæk fait parvenir aux sœurs la nouvelle du retour du frère à la maison parternelle à Copenhague, une coterie de la bonne société s'est divertie dans leur appartement en devisant sur les talents des femmes (avec Inge-Lise Paulsen : « Les femmes savent-elles voler ? » (14)), et il y a des allusions à la fois à Lillith, aux ailes des anges et aux manches à balai!

Comme dans *Le Tour d'écrou* d'Henry James, une relation est suggérée entre la réapparition et la sexualité inhibée ou impossible. L'objet désiré par Morten (les sœurs, *La Belle Eliza*, « jamais oiseau plus léger eût volé sur l'Atlantique ») est par principe inaccessible, en dehors de l'ordre symbolique, mais le *signifiant* féminin, constamment évasif, reste pourtant assujetti au principe inexorable de réalité et à la fatalité du réel. Dans *Une Soirée à Elseneur*, cette fatalité est liée au grand non de Dieu : « ...Dieu sait dire non, lui. Sacrebleu, comme il sait le dire! Nous nous figurons qu'il ne le peut plus, même lui. Mais il continue, et dit non encore une fois » (Scg, p. 334). Même l'outsider, le rebelle et le criminel doivent suivre la loi, ce qui implique une certaine distance du pathos entre les morts et les vivants, entre les sœurs et le frère, et entre femme(s) et homme. Partant, les deux protagonistes féminines se voient obligées de demeurer dans leur maison de poupée quand l'heure du départ sonne, et le criminel masculin met en évidence, par son sort même, l'*ancrage* de la transgression dans la loi niée, dans le non du père.

Une Soirée à Elseneur possède plusieurs caractéristiques des histoires de fantômes classiques, mais il est remarquable qu'aucune sensation de malaise n'est liée à l'apparition du revenant. C'est plutôt, comme dans *Le Tour d'écrou*, la non-apparition du revenant – ou comme dans notre cas, sa disparition – qui est inquiétante. Cependant, Morten est devenu le porteur de la métaphore paternelle mais il n'a pas assez d'autorité – ou de *pouvoir* – pour ramener ses sœurs en enfer. Et Eliza peut seulement, dans la dernière réplique du récit, répéter, avec une emphase masochiste et narcissique, les derniers mots de Morten avant son exécution. Il demande un court sursis avant d'être pendu : « Parce que, dit-il, la corde au cou, je veux penser une minute encore à *La Belle Eliza* » (Scg, p. 335). « Le supplément dangereux », la minute en trop sous l'emprise de la loi (« la corde au cou »), se présente, il est vrai, sous le signe du principe du plaisir, mais le sujet féminin n'a en apparence que le plaisir de la réplique paternelle/phallique comme point de repère – à un tel moment, donc, la sœur cadette se trouve éloignée de la jouissance féminine au moment où elle parle.

Pendant la soirée des deux sœurs à Copenhague, Fanny a été comparée à « l'Oracle de Delphes », mais les traits sibyllins des sœurs ne sont guère mis en évidence. *Les Caryatides* présentent plusieurs relations thématiques avec *Une Soirée à Elseneur*, et le thème de l'inceste, qui dans ce dernier conte apparaît sous un aspect légèrement modifié et métonymique, est traité au pied de la lettre dans *Les Caryatides* : le mariage entre Philippe et Childérique est, sans qu'ils en sachent rien le jour du mariage, un mariage entre demi-frère et demi-sœur, la mère de Childérique ayant eu une liaison amoureuse extra-matrimoniale avec le père de Philippe. Philippe ne s'en rendra compte qu' « une semaine après le mariage » (NCH, p. 151), c'est-à-dire quand il est trop tard pour revenir en arrière, et il ne fera jamais part à sa femme/demi-sœur du terrible secret de famille. Ce secret est, pour utiliser une tournure freudienne, *heimlich/unheimlich* [15], et le conte laisse aussi comprendre que « l'impression d'être en famille que [Philippe] éprouvait avec Childérique était réelle et prenait sa source dans leur propre sang » (NCH, p. 153).

L'eau est l'élément symbolique dominant dans *Les Caryatides* : au commencement du conte, déjà, nous sommes témoins d'une scène de baignade digne de Renoir ; Childérique « tenait dans l'eau son petit garçon nu et gourmandait une vigoureuse jeune femme en costume de paysanne qui, pieds nus au milieu du ruisseau, se disposait à recevoir l'enfant » (NCH, p. 134) ; mais plus tard, l'eau apparaît sous une forme autrement plus démoniaque dans une scène décisive vers la fin du récit, où la veuve du meunier, alias la gitane Simkie, permet à Childérique d'apercevoir son passé – le « crime » de ses parents – en regardant dans l'eau qui fait tourner la roue du moulin. Dans ce cas précis, Childérique assiste à une scène primitive freudienne mais elle est incapable de l'interpréter comme telle, ignorant que ce n'est pas le mari de la mère, mais le père de Philippe qui joue le rôle principal dans ce tête-à-tête. La scène primitive montre la prédominance, malgré « la loi et l'ordre », du principe de plaisir, car « ici tout avait un sens et une force plus profonds » (NCH, p. 181).

Avec sa connaissance des secrets de la nature autant que de la noble famille, Simkie se présente comme une sibylle antique ou un *psychopompos* – la hutte du moulin devient ici une cave trophonique. La démonisation de l'eau renvoie d'ailleurs aux conceptions les plus anciennes de la culture occidentale : Foucault cite un des idéologues des persécuteurs de sorcières au XVIIIe siècle, qui voit dans la mer l'origine de la « vocation démoniaque » d'un peuple entier, et fait référence au « labour incertain des navires, la seule confiance aux astres, les secrets transmis, l'éloignement des femmes, l'image enfin de cette grande plaine troublée, [qui] font perdre à l'homme la foi en Dieu… » [16]. Dans un conte antérieur, *Les Deux solitaires*, Karen Blixen a elle-même thématisé une semblable conception métaphysico-spéculative de la mer : « La Terre est l'humain parmi les éléments, L'Air le divin, *L'Eau Satan* » [17]. Dans *Les Caryatides*, Simkie est une figure de sorcière qui a conclu un véritable pacte diabolique avec le Mal lui-même et pour lever le sortilège – qui a tellement fait perdre la raison au frère de Childérique qu'il veut se marier avec la veuve du meunier – la sœur est, de nouveau, obligée de se donner au Diable et de donner son fils également :

Nous allons demander au Démon des Eaux… s'il veut bien nous aider…et détourner complètement le cœur de votre frère, du fils de votre père, de la femme qu'il aime en ce moment et dont il pense faire sa femme... Venez à cette heure-ci demain, et ce sera à vous de dire les mots... Vous devrez amener votre petit garçon pour nous aider à faire la magie. Un enfant mâle, qui a en lui une communauté de sang avec vous, qui prononcerez la formule magique, et avec lequel nous la prononçons. Ce sang, madame, un sang si noble est précieux pour la magie. (NCH, p. 174).

L'innocente scène de baignade au début du texte – avec des femmes imposantes et un garçon qui « s'inquiète » devant la plongée imminente dans l'élément liquide (NCH, p. 134) – se trouve ici funestement détournée, d'une manière qui évoque clairement le blasphème, dans la mesure où l'on y fait référence à une cérémonie de baptême « satanique » (cf. « Le diable dans l'eau » comme prince de ce monde et « adjuvant » supranaturel). Ce que Simkie dit du rôle de l'enfant dans la pratique magique correspond aux croyances les plus répandues sur la sorcellerie, telles que les développe *Malleus Maleficarum*, dont un chapitre décrit « comment les sorcières commettent les crimes les plus terribles en tuant des enfants ou en les offrant aux diables de la façon la plus infâme » [18].

La façon dont le fils de Childérique est censé participer aux rituels magiques n'est pas précisée : *Les Caryatides*, conte inachevé, laisse cette question ouverte. Quoi qu'il en soit, les références aux mystères du culte des sorcières et le thème du pacte diabolique placent le conte dans le domaine de *la littérature fantastique* et son univers de motifs classiques (cf. Irène Bessière, *Le Récit fantastique*, 1974, sur le pacte avec le diable comme « garant de la couture du réel et du surréel » parce qu'il permet « le glissement du surnaturel religieux au fantastique littéraire » [19]).

Après la visite au moulin, Childérique a découvert la puissance accablante de la sexualité, à un degré tel que la rencontre avec Philippe ne peut être qu'un anti-climax : à ses yeux, il ne représente rien d'autre, par définition, que l'érotique matrimonial, tempéré et institutionnalisé : « C'était comme si la maison et le jardin de Champsmeslé et toute la vie qui l'attendait ici, étaient pâles et froids comparés au monde de la sorcellerie, de même que le paysage était pâle et froid comparé à la terre et l'air qui brûlaient une heure plus tôt », c'est-à-dire l'air et la terre du monde (souterrain) remuant et indomptable du démon des Eaux/ du *ça*. Cependant, la séduction s'oriente aussi, au cours de la confrontation avec Simkie, vers un représentant de l'innocence enfantine, le fils de Childérique et Philippe, ce qui évoque un classique de la littérature fantastique, *Le Tour d'écrou* d'Henry James. L'enjeu n'est pas seulement le rôle d'épouse et l'institution matrimoniale, mais aussi la conception idéaliste, propre au XIXe siècle, du statut de l'individu-enfant (l'histoire des *Caryatides* se déroule en France pendant la première moitié du XIXe siècle).

La fonction de Simkie dans le texte peut être analysée comme une variation *fantastique* du thème classique de l'outsider (cf. le statut symbolique des gitans dans la littérature occidentale depuis *Michael Kohlhaas* de Kleist (1810) et *Kjeltringliv* de l'écrivain danois Steen Steensen Blicher (1829) jusqu'à *Thinner* de Stephen King (1984)). Simkie exerce une attraction sur le frère (Childéric) autant que sur la sœur (Childérique), et la tentative de Childérique pour « sauver » son frère de l'emprise de Simkie peut être considérée comme un exemple supplémentaire des liaisons incestueuses qui jouent un rôle prépondérant au sein de la famille. Childérique, à un moment donné, propose ainsi à son frère de fuir avec elle – « Nous dormirons dans les marais, nous parcourrons les landes. Ne serons-nous pas bientôt tous les deux contre le poison des vipères ? Viens. » (NCH, p. 164), – c'est-à-dire de devenir nomades et proscrits comme les gitans. Vers la fin, Childérique a renoncé à son rôle traditionnel de femme, d'épouse et de mère, c'est-à-dire celui « de soutenir les maisons, comme ces figures de pierre qu'on appelle des caryatides » (NCH, p. 162). Bien que le pacte avec le Diable ait été écrit dans (et avec de) l'eau, elle ne peut plus lui échapper car il répond trop bien à ses propres désirs (pulsionnels) : il n'existe aucun antidote efficace contre « le goût délicieux des poisons » (NCH, p. 183).

Histoire du petit mousse, Le Plongeur et L'Ours et le baiser

Les femmes savent-elles voler ? Pour plusieurs écrivains féminins liés à la littérature fantastique et à la science-fiction (Angela Carter, Joanna Russ, Sally Gearhart) – des écrivains qui également font circuler un « message » plus ou moins explicitement féministe dans leur fiction – la réponse est affirmative. Dans plusieurs de leurs textes, la faculté de voler des femmes symbolise une expansion considérable de l'espace traditionnel de la féminité – défini par un certain patriarchisme –, et donc une liberté de mouvement accrue sous le signe d'un *imaginaire* spécifiquement féminin. Dans le cadre d'un discours de ce type, la femme peut devenir, comme le peintre et écrivain Leonora Carrington dans le portrait lyrique de Max Ernst, *L'Epouse du vent*.

Dans l'œuvre de Karen Blixen, la conception des talents des femmes a un statut autrement plus complexe : dans *Une Soirée à Elseneur*, Fanny n'était, avant la rencontre avec son frère, « au fond d'elle-même, qu'un grand oiseau fou, aux ailes rongées, qui voletait dans le coucher d'un soleil couchant », et dans *Les Rêveurs*, l'héroïne Pellegrina (le faucon pèlerin) essaie en vain juste avant sa mort de quitter le sol pour échapper à son persécuteur (Lincoln Forsner) mais arrive seulement à donner l'impression d'une « grue qui court le long du sol pour chercher le vent et prendre l'air ». Dans l'*Histoire du petit mousse*, la fusion métaphorique de la femme et de l'oiseau est exceptionnellement réalisée puisque la sorcière lapone apparaît de temps en temps (justement) comme un faucon pèlerin :

> Le faucon, c'était moi. Nous autres, Lapons, nous nous envolons parfois sous l'aspect de faucons pour voir en peu le vaste monde. La première fois que je t'ai rencontré, j'étais en route pour l'Afrique, où j'allais faire une visite à ma petite sœur et ses enfants. Ma sœur est un faucon comme moi quand l'envie lui en prend. (CH, pp. 25-26).

Il y a quelques années, dans *Les Métamorphoses du sphinx* (1986), j'ai fait remarquer le rôle symbolico-mythique que la Laponie a joué pendant des siècles dans la littérature européenne et notamment dans la littérature danoise – en tant que pays où magie et phénomènes supranaturels divers font partie de l'expérience quotidienne [20]. Dans la mesure où les codes naturel et supranaturel sont exposés simultanément sans que leur relation intime soit *problématisée*, le récit de Karen Blixen présente sans doute des analogies structurelles avec le réalisme magique et ses modèles d'intrigue et de logique narrative particuliers : on y trouve thématisé un grandiose affrontement culturel entre les traditions et modes de pensée européens et non-européens que représente Bodö, ville du Nord de la Norvège, où se déroule la plus grande partie de l'histoire, et que caractérise une confluence hétérogène, carnavalesque et babélique de toutes les nationalités et toutes les langues :

> On y voyait des bateaux suédois, finnois ou russes ; c'était dans le port une forêt de mâts et, à terre, un grouillement de vie turbulente, sans compter la cacophonie des langues diverses et des nombreuses bagarres. (CH, p. 11).

Les événements supranaturels représentent, à un certain degré, un « reste » animiste, confiné ou marginalisé que l'on associe aux territoires en marge de notre civilisation, comme la Laponie ou l'Afrique. Mais en même temps, le récit met en relation des événements qui ont lieu dans des endroits du monde complètement différents, en correspondance avec une sorte de principe cosmique et comme une preuve (narrative) de ce que « la mer, le ciel, l'oiseau [dont le garçon vient de sauver la vie] et lui-même ne faisaient plus qu'un » (CH, p. 10). La sorcière, alias le faucon, sera plus tard obligée de lui rendre service en lui sauvant la vie à son tour, et le petit mousse sera par la suite admis dans sa tribu à travers un rite de passage pour finir comme son « pauvre imbécile de garçon » (CH, 24), d'abord accueilli dans son sein et puis rejeté dans le monde dans une sorte de rite d'accouchement. S'accommoder des codes supranaturels, à savoir des formes de conceptualisation et de pensée magiques du quart-monde, est assimilé, dans cette histoire, à une réconciliation avec une féminité autre et plus puissante que celle que notre culture reconnaît ordinairement – et cela implique par conséquent une réhabilitation de la figure classique de la *sorcière*.

Le rêve de voler – pour pouvoir rencontrer les anges et entrer en relation avec eux – anime aussi le jeune savant Saufe dans *Le Plongeur* (1958). Le softa (théologien) musulman étudie avec beaucoup de zèle le Coran, mais dans la mesure où il ne connaît rien de la vie réelle, il est facile pour les gouvernants – qui le considèrent comme « un péril pour lui-même, ses collègues et l'Etat » (DB, p. 11) – de détourner son attention des spéculations théologiques en faisant apparaître une fort belle danseuse déguisée en ange qui le fait succomber à l'amour charnel. Quand, finalement, la belle lui révèle la trahison impie, il tourne son regard du haut vers le bas ou du surmoi au ça : Saufe se met à étudier la vie des poissons et il peut constater que non seulement tout s'écoule (*panta rhei*), mais aussi que le désir narratif des poissons est insignifiant – dans le monde sous-marin, les contradictions et tensions dramatiques indispensables à la création d'un effet narratif font tout simplement défaut. On peut dire que Karen Blixen, dans *Le Plongeur*, de manière quasi exemplaire, effectue un plongeon d'un modèle narratif supérieur dans un modèle narratif inférieur, à savoir du mythe au mode ironique (cf. la hiérarchie littéraire de Northrop Frye). *Le Plongeur* est en plus un méta-texte, car le narrateur Mira Jama entend et raconte d'abord l'histoire de la désillusion et de la chute de Saufe pour ensuite le retrouver comme pêcheur de perles ; ce qui fait constater à Mira Jama qu' « un poète est pris d'un tremblant effroi en s'apercevant que son histoire est vraie » (DB, p. 18). Ce choc narratif et épistémique se voit cependant atténué par le récit que livre Saufe de sa vie ultérieure et de la société (presque) a-historique des poissons où « une vieille morue portant des lunettes de corne » (DB, p. 19) devient son informateur, témoin de la vérité. C'est-à-dire qu'à travers elle, Saufe connaîtra la version des poissons sur le mythe du déluge qui rend obsolète la conceptualisation classique du temps : « Les habitants de l'élément liquide ont réuni le passé et le futur dans la maxime : « Après nous le déluge » » (DB, p. 24). C'est véritablement un artifice inférieurement mimétique et ironique de laisser une vieille morue citer Madame de Pompadour!

Dans *Le Plongeur*, le rôle sibyllin a été transféré à la vieille morue, profondement prosaïque – et le secret, c'est qu'il n'y en a pas. Autrement dit, Karen Blixen s'approche, dans *Le Plongeur*, comme dans *L'Eternelle histoire* du même recueil, d'une forme raffinée de méta-fiction où les règles narratives profondes sont mises en *jeu*. Dans le conte tardif *L'Ours et le baiser*, Karen Blixen fait encore une fois usage d'une forme littéraire proche de celle de l'*Histoire du petit mousse*, car ici aussi on retrouve une femme lapone ou finnoise, Lahula. Comme dans le conte antérieur, il existe une liaison secrète entre elle – et son mari, le fortissime Josué – et le monde des animaux : une parenté tellement intime que Bjørn, l'un des trois voyageurs parvenus à la démeure isolée dans un fjord du Nord de la Norvège, confond à la fin la femme et son chat, qui, comme le singe dans le conte du même nom, occupe la fonction d'esprit serviteur ou *familiar* :

– Elle aurait voulu partir avec nous. N'a-t-elle pas sauté dans notre barque ?
– Mais non, voyons, c'était la chatte, dirent-ils [i.e. ses deux compagnons]
– Ah oui, c'était la chatte. (FR, p. 341).

Comme Mira Jama rencontre Saufe, les trois ingénieurs, au cours de leur voyage vers le Nord avec le steamer *Fulda*, tombent sur une autre légende vivante, Josué, le géant et tueur d'ours, fort comme Samson et pour ses compatriotes un « héros populaire et un gars d'enfer » (FR, p. 249), qui, lui aussi, est digne de son rôle épique dans la mesure où « cette épopée, comme tant d'autres, se terminait sur un acte de témérité de la part du héros qui entraînait sa perte » (FR, p. 319). Cependant, c'est la *suite* de l'histoire qui intéresse principalement Karen Blixen, et c'est justement cet épilogue que les trois voyageurs connaîtront durant leur séjour dans l'archipel côtier. Ils partent à la chasse avec Josué, mais rentrent les mains vides ; le plus jeune, Bjørn [littéralement « ours », NdT], est blessé au point que l'on pourrait croire qu'il s'est battu avec l'ours que la femme lapone l'avait invité à chasser. Dans le récit décousu de Lahula, on trouve des similitudes claires entre Josué et l'ours mythique – « il a été touché par une balle, une fois, il boite »

(FR, p. 330), exactement comme son mari qui désormais porte une jambe de bois. Mais la conclusion mélancolique à tirer est malgré tout « comme le savaient tous les gens de bon sens, qu'il ne se passe rien, en ce bas monde » (FR, p. 340). Ainsi la tentative même de chercher l'aventure contribue à « briser l'enchantement du monde », en parfaite correspondance avec la pensée des Lumières et la logique de civilisation représentées par les trois ingénieurs. Peut-être Josué est-il aussi un ours ou un chaton, peut-être Lahula, alias le chat, essaie-t-elle d'accompagner les voyageurs dans leur fuite vers le bateau – mais tout ceci ne constitue que la matière d'une ballade de Schiller et « Qui va la composer ? » demande le collègue de Bjørn, Carsten (FR, p. 343).

Autrement dit, *L'Ours et le baiser* traite, lui aussi, de l'affrontement entre réalité et fiction – où finit l'une et où commence l'autre ? La réalité a *besoin* du supplément dangereux de la fiction, et nous passons ainsi, comme dans *Le Plongeur*, dans le domaine d'un autre genre (post)moderne, celui de la méta-fiction.

Conclusion

Dans *Les Voies de la vengeance*, Karen Blixen reprend un certain nombre d'effets classiques de la tradition romanesque gothique en les utilisant à des fins littéraires personnelles. L'inceste y côtoie le cannibalisme, et le roman acquiert un côté fantastique du fait de ses références au culte vaudou et au pacte avec le diable. Néanmoins, *Les Voies de la vengeance* semble plutôt un exemple du *surnaturel expliqué* à la Ann Radcliffe qu'un véritable texte fantastique [21]. Quoi qu'il en soit, le père Pennhallow, qui gère une affaire lucrative de traite des blanches, renvoie à l'image stéréotypée du voyou gothique, et les deux toutes jeunes protagonistes peuvent être définies (en hommage à Justine) comme des héroïnes assujetties aux pires horreurs. Les libertins de Sade et le père Pennhallow ont quelques traits communs, mais ce dernier a en plus littéralement vendu son âme au Diable, ce qui, selon lui, lui apporte un singulier et paradoxal sentiment de satisfaction et de paix spirituelle. Toutefois, la seule chose que cette figure victorienne du

Faust ne peut pas « supporter » est la rencontre avec le Bien inconditionnel, le Bien qui est à même de lui *pardonner* son Mal infini. Dans les *Cahiers* de Simon Weil, on trouve une réflexion sur une « recherche de la pureté dans le mal », « ...un degré plus bas du mal, où le mal apparaît comme le devoir et le bien comme la tentation » [22], et c'est bien cette « éthique du mal » que représente le père Pennhallow et qui, en dernière instance, le mènera au suicide, ressenti comme la seule solution logique face au Bien absolu !

Dans des textes comme *Le Plongeur* et *L'Ours et le baiser*, Karen Blixen se retrouve aux limites du fantastique. Certains éléments de ces textes exigent une lecture « forte », où le doute épistémique à la Todorov ne se réalise pas complètement : le conte est tellement fort qu'il impose sa propre vérité malgré toutes les réticences du lecteur. On peut donc dire que les contes thématisent le pouvoir même du narratif. Si le pouvoir du conte est si important, il annule simultanément l'hésitation fantastique. Une fatalité s'impose, – une fatalité dans et par le langage qui suspend tout doute cartésien autant qu'il rend obsolète la preuve de vérité des « miracles » dans le texte. Il en va autrement dans des contes comme *Le Singe* et *Les Caryatides* – et également dans une certain mesure *Une Soirée à Elseneur* – où l'autorité du narrateur n'a pas la même emphase et où le désir narratif est dirigé vers quelque chose de caché/non-dit, à savoir vers *l'Autre*. Dans *Le Plongeur* et *L'Ours et le baiser*, ce qui est présenté comme *amor fati* est en fait identique à un *amor ficti* – bien que les conséquences existentielles de la fiction y soient soulignées. Dans *Le Singe* et *Les Caryatides*, le récit comme instance de sauvetage est *aussi* mis hors jeu, le fantastique fonctionnant comme une sorte de piège pour le désir narratif. « Non pas à ton visage mais à ton masque, je te reconnaîtrai », déclare le meurtrier Casparsen dans *Le Raz de marée sur Norderney*, mais le masque n'est pas fiable non plus : peut-être n'existe-t-il aucun masque sans failles. Quoi qu'il en soit, les personnages de Karen Blixen fuient tous l'idée d'une essence ou d'un être immuables, et comme Bjørn dans *L'Ours et le baiser* qui désire embrasser la Lapone Lahula, le lecteur est fasciné par cet Autre féminin derrière – ou à côté de – l'ordre symbolique. Doit-on, dans ce jeu de séduction narratif, parler d'un commerce avec le divin ou d'une descente aux enfers ? La sibylle-sorcière (la prieure, Sunniva, Lahula) sont des guides dangereux pour le sujet-lecteur et sa quête. La question-énigme du sphinx reste toujours aussi fatale-létale. Ainsi, les textes fantastiques de Karen Blixen laissent-ils entière la question de la destination ultime.

(Automne 92)

Traduit par Pascale Audibert et Per Bundgaard.

Notes

Les éditions suivantes ont été consultées : (1) *Sept Contes gothiques* (Paris, Le Livre de poche, Ed. Stock, 1980) (Scg) ; (2) *Contes d'hiver* (Paris, Gallimard Folio, 1970) (CH) ; (3) *Nouveaux Contes d'hiver* (Paris, Gallimard Folio, 1977) (NCH) ; (4) *Le Dîner de Babette* (Paris, Gallimard Folio, 1961) (DB) ; (5) *Les Fils de rois et autres contes* (Paris, Gallimard, 1988), (6) *Les Voies de la vengeance* (Paris, Gallimard Folio, 1990).

1. *Cf.* Rosemary Jackson, *Fantasy. The Literature of Subversion*, London and New York, Methuen, 1981, p. 35 où elle suggère « une définition du fantastique comme un *mode* qui, à son tour, assumerait des formes génériques différentes. »
2. *Ti fantastiske fortællinger. Udvalg og efterskrift ved Bo Hakon Jørgensen*, Odense, Odense University Press, p. 232.
3. *Cf.* Bernard Glienke, *Fatale Präzedenz. Karen Blixens Mythologie*, Neumünster, Karl Wachholtz Verlag, 1986, p. 252.
4. Tzvetan Todorov, *Introduction à la littérature fantastique*, Paris, Editions du Seuil, 1970, p. 29.
5. *Cf.* Northrop Frye, *Anatomie de la critique*, Paris, Editions de Minuit, 1969, pp. 47-50.
6. *Op. cit.*, p. 254 : « Der Idealfall ist hier, dass das Unerhörte, Ausserordentliche, sich auf das Erhörte, Ordentliche des Mythos bezieht. Mythen sind fatale Präzedenz, schöne und rechte Vorbilder bei Schicksalsschlägen, nicht mehr und nicht weniger : Sie bringen keine bürgerliche Sicherheit, aber Form, Lust und die ästhetische Rechtfertigung der Welt. »
7. *Cf.* Irène Bessière, *Le Récit fantastique. La poétique de l'incertain*, Paris, Librairie Larousse, 1974, *passim*.

8. *Cf.* Sigmund Freud, *Studienausgabe*, Band IV, Frankfurt am Main, Fischer Taschenbuch, 1982, p. 263.
9. Julian Franklyn (ed.), *A Dictionary of the Occult*, New York, Causeway Books, 1973, p. 295.
10. La « culpabilité » homosexuelle de Boris lui fait craindre la colère du vieux comte : « ...le vieux comte sait tout et vient me tuer » (Scg, p. 163).
11. David V. Erdman (ed.), *The Poetry and Prose of William Blake*, Garden City, New York, Doubleday, 4th reprinting with Revisions, 1970, p. 279.
12. *Cf.* H. W. Janson, *Apes and Ape Lore in the Middle Age and the Renaissance*, London, The Warburg Institute, University of London, 1952, p. 168.
13. *Cf.* Villy Sørensen, « Folkeviser og forlovelser », in *Digtere og dæmoner*, København, Gyldendal, 1965, pp. 157-203.
14. *Cf.* Inge-Lise Paulsen, « Kan kvinder flyve ? », in *Bidrag 17*, 1983, pp. 33-53.
15. Sur l'étymologie du mot *unheimlich*, cf. Freud, *op. cit.*, pp. 244-250.
16. Michel Foucault, *Folie et déraison. Histoire de la folie à l'âge classique*, Paris, Plon, 1961, p. 15.
17. *Osceola*, København, Gyldendals julebog, 1962, p. 87.
18. Heinrich Kramer & James Sprenger, *Malleus maleficarum*, Translated by Montague Summers, London, Arrow Books, Second Impression, 1971, p. 304.
19. Irène Bessière, op. cit., p. 79.
20. Ib Johansen, *Sfinksens forvandlinger. Fantastiske fortællere i dansk litteratur fra B. S. Ingemann til Per Højholt*, Aalborg University Press, 1986, p. 87. Todorov, *op. cit.*, p. 134.
21. Sur Ann Radcliffe et le fantastique, *cf.* Todorov, *op. cit.*, p. 47, où Todorov parle d' »une explication rationnelle ».
22. Simone Weil, *Cahiers*, Tome I Paris, Plon, 1951, p. 171.

Morten Kyndrup

Les vertiges de la mise en scène. Autorité et narration dans Sur la route de Pise[1]

Introduction

L'œuvre d'Isak Dinesen constitue un univers particulièrement singulier dans la fiction du vingtième siècle. Et c'est loin d'être une coïncidence si, tant pour les lecteurs que pour les critiques, elle fait l'effet d'une île flamboyante. Une des raisons en est bien évidemment la maîtrise indiscutable des constructions narratives ; elles seules lui garantissent une position de premier rang [2]. D'ailleurs c'est peut-être le statut particulier de non-contemporanéité de l'œuvre de Dinesen qui explique principalement son aptitude à apparaître ouverte, déployée, séduisante – et pourtant mystérieusement indéfinie. Cette 'non-contemporanéité' ne caractérise pas seulement la relation immédiate entre la forme même des œuvres de Dinesen et leur époque (son monde littéraire contemporain est signé de noms comme ceux de Joyce, Proust, Virginia Woolf et est d'une essence quelque peu différente). Non, la non-contemporanéité, le heurt entre les époques (ou bien, pour être plus précis sémiotiquement, le heurt entre les discours) est aussi une qualité inhérente aux œuvres. Ce que nous avons à l'esprit ici n'est pas le transfert thématique de l'action dans des paysages du passé, bien que ce transfert soit une caractéristique très importante des constructions. Non, le heurt se produit avant tout entre, d'un côté, la construction narrative qui (apparemment) a en charge le récit, et reste emphatiquement *démodée* même au moment de la publication, et, de l'autre côté, un thème qui, en y regardant de plus près, est intensément moderne. N'importe quel lecteur des narrations de Dinesen, professionnel ou *amateur* (ou la rare combinaison des deux) est donc jeté simultanément dans plusieurs directions différentes. Dans un seul registre, le lecteur est renvoyé à un discours presque pré-moderne, non seulement à cause des espaces concrets de l'action et de la construction narrative apparemment démodée et omnisciente, mais aussi à travers la critique de l'intentionnalité des personnages quant à leur capacité à maîtriser la réalité, intentionnalité qui, apparemment enracinée dans un état de pensée féodal-absolutiste, est exercée emphatiquement et répétitivement sur l'enchaînement des intrigues et des attitudes. Dans le même mouvement, derrière l'apparence 'naturelle' de ces constructions narratives, cette critique se révèle, à notre étonnement, moderne. Et finalement, peut-être est-elle déjà (modalement) « post-moderne » à cause de sa réalisation – et de son acceptation – légèrement et virtuellement auto-ironique de l'indécidabilité emphatiquement déplacée du problème de l'énonciation ; cela diffère remarquablement de la manière dont le modernisme contemporain s'est senti plus ou moins involontairement prisonnier d'un sentiment tragique de perte de substance, évoqué exactement par la même expérience.

Ces heurts de discours incluent et indiquent le problème du changement de discours dans les œuvres, et cela explique la fascination encore exercée par l'œuvre de Dinesen. Mais ces heurts rendent aussi la *réception* des œuvres de Dinesen intéressante parce que cela dénonce, par leur intermédiaire, certains aveuglements conventionnels à l'intérieur de différentes zones de l'institution littéraire.

Une discussion explicite de la réception de l'œuvre de Dinesen dépasserait toutefois les limites de la présente étude. La discussion suivante de *Sur la route de Pise* indiquera des zones sur lesquelles une telle critique pourrait se fonder.

Le conte

Sur la route de Pise occupe une place significative dans la première œuvre réelle d'Isak Dinesen, les *Sept contes gothiques* de 1935 : quatrième de ces sept contes, il constitue le centre du livre. Dans la version danoise de l'année suivante, *Syv fantastiske fortællinger*, ce conte ouvrait le recueil, ce qui souligne davantage l'importance de la place du protagoniste de *Sur la route de Pise* qui est aussi un personnage mineur dans le dernier conte du recueil, *Le Poète* [3].

La place centrale semble être bien fondée dans tous les sens, parce que *Sur la route de Pise* apparaît, du point de vue de la concentration thématique et de la structure narrative, comme un archétype pour les contes du livre.

Sur la route de Pise est construit comme un composé hybride très subtil entre, d'un côté, une narration conduite à partir d'un point de vue central, et, de l'autre côté, un cycle de narrations marquant à leur tour une multiplicité de perspectives issue de narrateurs différents. Au centre de la focalisation nous trouvons le jeune noble danois Auguste von Schimmelmann en voyage en Italie en 1823. Il est venu chercher l'oubli des difficultés de son foyer dues à la jalousie de son épouse, et il est principalement en quête de la *vérité*. Dès le début du conte il semble avoir une attitude critique envers la vérité définie comme objective et absolue :

> Combien il est difficile de connaître la vérité, peut-être est-il impossible d'être pleinement véridique quand on est seul. Sans doute, la vérité est-elle, comme le temps, variable selon les circonstances. Quelle est, par exemple, la vérité sur une montagne sans nom du centre de l'Afrique où nulle route ne conduit ? La vérité de cette route que je suis est qu'elle mène à Pise, et la vérité concernant Pise peut être trouvée dans des livres écrits et lus par des êtres humains. Et quelle est-elle, si l'on considère un homme sur une île déserte ? Or, je suis un homme sur une île déserte.
>
> Mes amis autrefois raillaient ma manie de me regarder dans tous les miroirs et d'en décorer toutes mes chambres. Cette manie, ils l'attribuaient à la vanité. Je me regardais seulement pour mieux me connaître. Un miroir est révélateur ; il reflète la vérité qui vous concerne. (p. 211-212).

Auguste, relativement passif, se trouve dans un état de quête contemplative. Il devient le témoin d'une série d'épisodes violents qui, à la fin, se révèlent être les moments différents d'une seule et même histoire, et même en relation avec sa propre histoire.

Au début, Auguste est le témoin d'un accident de carrosse ; le passager – Auguste le prend pour un homme mais il se révèle être une femme (noble) – est gravement blessé. Elle lui confie l'histoire dramatique de sa relation avec sa petite fille et lui demande de porter un message à cette dernière à Pise. Le lendemain, sur la route de Pise, Auguste rencontre un jeune noble – qui se révèle être une femme – avec qui il a une conversation et qui fait allusion, mais sans vraiment la révéler, à une histoire très mystérieuse. Peu après Auguste assiste à l'arrivée d'une compagnie de voyageurs, au nombre desquels figure le prince Potenziani, protagoniste principal du récit de la vieille dame, et à la dramatisation de leurs rapports jusqu'au défi se rapportant à un certain *conte*. Auguste se sent obligé d'agir comme second dans le duel. Entre-temps, il assiste à un spectacle de marionnettes. Le lendemain matin le duel est arrêté par Agnès, la jeune fille qui s'interpose en racontant *sa* version du conte, liant ainsi toutes les parties auparavant isolées qui se joignent alors avec bonheur pour faire un tout : le jeune prince Nino n'a pas en réalité trahi le vieux prince Potenziani, il a seulement, à son insu, défloré une figurante (Agnès) à la place de Rosina, qu'il aurait dû avoir violée pour le compte de l'impuissant Potenziani, pour lui fournir ainsi la preuve irréfutable de la consommation de son mariage. Le duel est annulé, et la vie de Nino est sauve. Mais Potenziani, lui, meurt ; les deux jeunes gens auraient pu s'unir mais la femme, libérée de son secret, n'est plus paralysée par le viol et doit désormais (peut-être) être conquise ; Rosina ne meurt pas en accouchant de son enfant comme c'était prédit, et tout se termine dans le bonheur et l'harmonie. En signe de reconnaissance la vieille dame donne à Auguste un « flacon de sels » qui est la réplique de celui déjà en sa possession : ainsi (à son insu) la vieille dame noble se révèle être l'amie de sa grand-tante qui avait effectué un voyage en Italie cinquante ans auparavant. Auguste, pourtant, garde ce secret pour lui, ayant le sentiment « qu'il y avait dans cette ordonnance du destin quelque chose qui ne s'adressait qu'à lui seul » (p. 272). Toutes les boucles sont bouclées ; les pièces manquantes réunies.

La structure

Si l'enchevêtrement de la structure semble très complexe, il n'est cependant pas impossible à démêler. La distinction de Gérard Genette entre *narrateur* et *focalisateur* [4] peut être utile ici : Auguste est le focalisateur du conte. L'univers conté est reflété à travers lui. Sur les deux faces de cette instance interne de focalisation (agissant épisodiquement en *vision-avec*) nous trouvons, pourtant, un certain nombre d'instances explicites (toutes agissant en *vision-par derrière*) : 'sous' Auguste, nous trouvons les narrateurs « personnels », qui donnent respectivement à Auguste [5] et entre eux leurs versions de la configuration, qui s'éclairera seulement à la fin aux yeux d'Auguste (la vieille dame, la jeune femme, Potenziani, Nino, etc.). 'Au-dessus' d'Auguste nous trouvons de l'autre côté un narrateur « autoritaire » qui dépeint Auguste explicitement à travers sa mélancolie, sa corpulence, etc. Cette instance est très proche du narrateur implicite mais ne peut être assimilée totalement à celui-ci qui, de manière suprême, prend en charge la distribution et la liaison de toutes ces instances.

L'énoncé

L'énoncé est lui aussi complexe, puisqu'il est mené à des niveaux différents de narration. Mais le message des histoires en général semble se focaliser sur un problème bien circonscrit : comment définir les modes intersubjectifs d'échange possibles et souhaitables. On peut formaliser ce problème en dessinant un axe dont l'un des pôles est un mode d'échange par lequel l'individu singulier comme projet impose sa volonté à son entourage, directement ou indirectement, mais en tout cas à travers une manière d'exercice du pouvoir anticipé intentionnellement. Appartenant à ce pôle nous trouvons l'idée de cet individu singulier compétent comme *justifié* dans l'exercice du pouvoir par cette compétence même. Ce point de vue entraîne des conséquences décisives : il souligne le fait que la régulation de l'être est *humaine* en toutes circonstances ; dans tous les cas, le monde est donc reconnaissable comme un ensemble d'objets de valeur face à un sujet. En outre – comme conséquence des heurts réciproques que ces sujets doivent nécessairement affronter – une différenciation *hiérarchique* de ce champ de sujets humains s'impose. Au deuxième pôle de l'axe nous trouvons un autre type d'échange qui envisage le contrôle comme une relation mutuelle d'obligations dans laquelle les sujets sont capables de changer de position l'un vis-à-vis de l'autre, réalisant ainsi précisément un échange *mutuel*. Cela signifie qu'aucun sujet singulier n'est capable d'agir comme un régulateur privilégié de la forme, du contenu et de la direction de l'exercice du pouvoir ; au contraire, à travers la conscience qu'ont les sujets singuliers de la nécessité d'agir aussi comme des objets pour l'exercice légal du pouvoir d'autres sujets, une alternance s'effectue, régularisée par les interactions concrètes, entre la position de sujet et la position d'objet, entre orgueil et humilité, une alternance qui peut finalement être reconnue comme la reconnaissance d'une instance outre- et non-humaine. Dieu, le destin, la providence. Ou bien, mis en scène de manière pragmatique et non-transcendante : seulement l'acceptation de *ce qui réellement se passe* [6].

Toutes les histoires singulières convergent principalement vers cet axe thématique. Selon *sa* conception privilégiée du monde, Carlotta, la vieille dame, voudrait forcer la jeune Rosina à un mariage contre son gré ; le Prince Potenziani met en scène une intrigue (le viol) pour s'assurer que le mariage sera réalisé, pour ainsi avoir l'occasion de « jouer avec » Rosina en la privant de la possibilité de divorcer en alléguant la non-consommation du mariage. Ces Grands Sujets *perdent* tous les deux : Carlotta, en reconnaissant réellement les limites de son droit d'exercice subjectif du pouvoir, Potenziani, lui, sans une telle reconnaissance. Au contraire, il est humilié puisqu'il n'a pas été assez rusé pour mettre en scène une meilleure intrigue qui lui aurait assuré la victoire. Potenziani ne voit alors que les limites concrètes, et non pas celles inhérentes à l'intentionnalité. De plus, Potenziani trouve absolument naturel de profiter de la loi de l'obligation mutuelle vis-à-vis de Nino, même quand l'intention est de rompre la loi concernant une tierce personne (l'intrigue). De l'autre côté, les jeunes gens respectent cette réciprocité : Nino a fait ce qu'on lui a commandé de faire ; contre toute attente (pas seulement à cause de ses chances, mais aussi parce qu'il a, en fait, tenu la promesse qu'on l'accuse d'avoir rompue), il accepte le duel ; de la même manière la jeune fille joue son rôle de figurante et reste pendant longtemps silencieuse malgré son insupportable humiliation. Pourtant c'est elle qui au point ultime des surenchères sauve la vie de Nino en dévoilant la vérité ; en agissant ainsi, on découvre que dans le même temps elle se libère elle-même. C'est précisément le type d'échange qui est, en fait, « gagnant » dans le conte : non qu'il l'emporte sur les intrigants dans leur propre registre en élaborant des plans encore plus rusés (comme l'imagine Potenziani qui – très symboliquement – est *impuissant*), mais parce qu'en acceptant le hasard et en respectant l'obligation mutuelle, il préfère par voie de conséquence l'intégrité personnelle aux bénéfices extérieurs possibles.

Comme cela ressort clairement du cours des événements et du montage même de l'axe dans le conte, une évaluation positive du pôle de l'échange mutuel est établie aux dépens de l'intentionnalité individuelle et démesurée du pôle opposé (et cela est une constante thématique chez Dinesen). Cette évaluation, pourtant, se retrouve dans une certaine structure narrative. L'essentiel est le fait que les événements se passent loin de ou 'en dehors' de l'expérience qu'en a Auguste à travers qui nous en avons, nous, l'expérience. Tout, pour ainsi dire, se passe *devant* lui comme dans un spectacle de théâtre (de marionnettes), dans lequel lui-même joue peut-être un rôle très modeste, mais qui, fondamentalement, n'a rien à voir concrètement avec ses propres problèmes. Pour lui (et dans la perspective du lecteur à travers sa focalisation) c'est cette même distance qui transforme les événements en une chaîne d'allégories, porteuse du sens et séduisante et dont le message est ainsi révélé précisément par leur distance, leur nature autre. Ce qu'Auguste traverse est une sorte de processus de formation structuré de manière bi-polaire, dans lequel il fait l'expérience, d'un côté, de son propre état habituel de vide (une mélancolie paralysante pour l'action) comme opposé à l'abondance de substance et de *faire*, qui caractérise toute la chaîne d'événements dont il est le témoin. Mais, par ailleurs, il semble aussi conformer son attitude au cours des événements : il y a un lien entre son rejet initial de la vérité attribut privilégié du logos (cf. la citation ci-dessus), qui se poursuit à travers la comédie des marionnettes qui joue avec la vérité (pragmatique) des mensonges dans *La Vengeance de la Vérité*, et son renoncement final quand il découvre la coïncidence des flacons de sels. L'expérience que tire Auguste des événements lui permet de reconnaître sa propre indolence et sa distance prise avec l'expression violente des émotions (trait caractéristique, dit-on, des gens du Nord). Il confronte son propre espace réduit à la mélancolie dépressive à un autre espace débordant d'échanges, de mort, de passion, de risques : un espace authentique. Cette confrontation met fortement sa propre situation en relief. Et, on s'en doute, une confrontation similaire a lieu pour le lecteur implicite qui suit cette focalisation. L'histoire semble, pourtant, offrir une *solution* à ce conflit, qui est aussi vertical -nord/sud- à travers le processus de reconnaissance d'Auguste. Dans les faits, Auguste s'intègre à la vie authentique du sud (même s'il a une affaire avec une dame, convenons-en, *Suédoise*, cf. p. 268). La distance est alors abolie.

Pour résumer on peut pourtant dire que c'est précisément à travers ce montage d'opposition des valeurs qui crée la distance de manière originale, que le texte optimalise sa critique de l'exercice du pouvoir calculateur par la raison projective – et ainsi, si l'on veut, de la Modernité qui a cette raison comme fondement premier. Mais on doit aussi noter qu'en même temps le texte se construit lui-même comme une sorte de contradiction de son propre message : la mise en scène habilement calculée et réussie de l'impossibilité de mise en scène créée par le texte même, semble impliquer une sorte de dénégation intrinsèque. Ou, pour le moins, un élément de révocation pour le narrateur souverain et implicite.

Le texte

Cette lecture situe le texte en accord, plus ou moins, avec lui-même – ou tout au moins en accord avec son propre désaccord. Il établit une certaine taxinomie axiologique dans une position stable et accessible - et il indique un accès au processus de formation ouvert et possible (à travers la fonction de focalisation d'Auguste). Comme le scénario est déplacé (loin) en termes de temps et d'espace, une certaine distance est marquée, mais cela probablement ne fait qu'amplifier un effet d'objectivation exemplaire, qui renvoie aussi, allégoriquement, à l'époque du lecteur. Même si le texte de Dinesen reste absolument différent des textes écrits par ses contemporains modernistes, il peut facilement être conceptualisé dans le même contexte historique, peut-être comme une parallèle dans le processus de transformation historique : ici les mots-clés pourraient être la critique de la Modernité, l'individu replié sur lui-même, le problème de l'aliénation (souligné dans la position d'Auguste, mais aussi représenté symboliquement par le fait que l'histoire partout est *verrückt* dans l'espace et dans le temps). En outre nous trouvons une congruence assez marquée entre les propos du texte et sa structure d'énonciation. Et cela, même si nous suivons notre lecture.

La question reste pourtant de savoir si cette lecture est satisfaisante et suffisante.

Avant tout, la lecture semble simplifier ouvertement la construction d'énonciation en figeant ses instances, en les situant dans des positions fermes, bien qu'elles soient, en réalité, labiles, souples, relatives. Cela s'applique en particulier au point de vue d'Auguste, le focalisateur. D'une part, il est juste de dire que techniquement cette position assure l'entrée du lecteur dans l'histoire, et qu'à travers le processus elle est aussi vecteur de la perspective. D'autre part, il y a tant de distances démonstratives *à l'intérieur* de l'énonciation du texte que la compétence de la focalisation s'en trouve sérieusement affectée. Auguste, en d'autres termes, n'est pas *fiable* ou bien, en tout cas, n'est pas directement fiable comme narrateur/focalisateur. Il *se trompe* dans ses observations, il prend, par exemple, deux fois des femmes pour des hommes (et cette réitération ne peut pas être accidentelle dans l'univers de l'histoire). Son rôle dans le conte, même d'un point de vue extérieur, est celui de l'observateur, et son mode d'existence celui de la réflexion, de la pensée. Un examen attentif de ses réflexions dénote une certaine trivialité, parfois une totale banalité, malgré leur caractère solennel. Par exemple sa conversation avec la jeune femme concernant les relations entre hommes et femmes :

> Alors que je faisais l'impossible pour la rendre heureuse, il m'est arrivé plus d'une fois d'entendre une femme me déclarer que je faisais son malheur et qu'elle souhaitait notre mort à tous les deux. Il y a bien longtemps que les choses se passent ainsi, depuis qu'Adam et Eve – et il jeta un coup d'œil dans la pièce à un tableau représentant le couple – vécurent ensemble au Paradis terrestre, et c'est bien regrettable, me semble-t-il, que nous n'ayons pas mieux appris à nous contenter l'un de l'autre. (p. 234).

Quelle remarque profonde! Et s'il parvient à ses hautes considérations non sans tâtonnements, non sans peine mais avec grande solennité, la conscience qu'il a aussi de son propre cheminement semble également limitée, apparemment tout au moins. Dans l'épisode de la comédie des marionnettes, il arrive à se convaincre que si lui-même est maintenant entré dans une comédie de marionnettes (c'est-à-dire la vie agitée du sud), il voudrait avoir l'assurance de ne plus en ressortir (p.199). Mais ce point de vue engendre précisément le dualisme entre l'intérieur et l'extérieur que la symbolisation « théâtrale » avait l'intention de régler. Ce n'est qu'à la fin de l'histoire que la passivité d'Auguste devient manifeste : « Auguste tira de sa poche un petit miroir et, le tenant au creux de sa main, s'y contempla pensivement » (p. 273).

La manie d'Auguste de se regarder dans un miroir a déjà été présentée plus tôt dans le texte comme une attitude visant à découvrir la *vérité* (p. 165, cf. la citation ci-dessus). De ce point de vue, le regard narcissique d'Auguste jusque dans la séquence finale pour chercher la vérité est tout à fait révélateur, alors que tout le récit tendait à démontrer qu'elle *n'existe pas* sinon d'un point de vue pragmatique c'est-à-dire dans des échanges concrets. Bref, dans les faits, Auguste n'a tiré aucun enseignement des événements.

Sa lenteur et sa lourdeur en sont les raisons principales. En fait, son personnage frôle le ridicule : même aimable et pétri d'intentions louables, il est avant tout incapable de se rendre compte de ses propres limites. Cela est patent dans le rôle qu'il joue dans le dernier conte du recueil, *Le Poète* [7].

Cette distanciation par rapport au personnage d'Auguste n'est pourtant pas sans ambiguïté même si, une fois perçue, elle semble irrémédiable. Cette distanciation est essentiellement une tendance, tantôt éclatante, tantôt ironique, instaurant une ambiguïté dans le rapport du lecteur au personnage. Cette ambiguïté a des conséquences jusque dans la structure de l'énonciation de l'histoire, ainsi que dans son énoncé thématique.

La dissociation par rapport à Auguste est précisément une évaluation, une attitude. Comme cela n'est pas causé par le narrateur explicite, apparemment (puisque celui-ci ne cache pas ses sympathies), cela dénonce la présence du narrateur implicite. Ainsi sont associés, sur un premier plan, le narrateur explicite *et* Auguste, le focalisateur, tandis que de la même manière s'établit une connexion entre le narrateur implicite et les narrateurs à la première personne [« plus bas » dans le texte], à l'arrière plan. Celui-ci, supposé plus lucide que celui-là, ou tout au moins plus proche du niveau de connaissance « du conte », est pourtant handicapé par son statut à son niveau de savoir par le fait que les narrateurs à la première personne *et* leurs histoires sont perçus par Auguste qui, à un certain degré, n'est pas fiable, ou en tout cas n'est pas particulièrement porteur de lucidité. Ce qui est virtuellement porteur de lucidité est ainsi médiatisé par un point de vue qui est, de par son statut, primitif – et qui ne connaît même pas ses propres limites. Le résultat en est un haut degré d'incertitude – qui pourrait être illustré par un modèle de topographie de l'énonciation en forme de sablier – *à la fois* le dessous (ce qui se passe en réalité dans l'histoire) et le dessus (ce que le narrateur essaie en réalité de raconter à travers l'histoire).

Cela signifie tout d'abord que ce qui semble être à première lecture un lien non-ambigu de l'histoire (et une liaison entre celle-ci et l'histoire d'Auguste) à travers la « révélation » par le personnage d'Agnès du véritable noyau de l'histoire se révèle en fait être tout sauf non-ambigu. Les messages des histoires singulières deviennent ambigus. On n'est plus sûr de ce qui se passe réellement : les sorties (par exemple pour le jeune couple) sont dissimulées. Mais aussi l'intention supérieure et le sens du conte sont maintenant soumis à discussion, car on peut s'interroger sur le « sens » du glissement dans la distribution narrative. En effet, pourquoi le Prince impuissant est-il nommé précisément « Potenziani » ? – est-ce simplement par dérision ? Pourquoi est-ce précisément à travers les « flacons de sels » (c'est-à-dire des instruments d'anesthésie) que le lien symbolique majeur s'établit dans l'esprit d'Auguste ?

L'intérêt de ces questions ne réside pas dans leur résolution mais dans l'interrogation elle-même. En outre, au niveau de l'énoncé, tout « glissement » des instances de la structure d'énonciation induit un changement dans la problématique d'Auguste. A première vue, les polarités Nord/Sud, vide/plein, apparence/authenticité semblent être un problème absolu et existentiel (non seulement pour Auguste, mais aussi pour le lecteur, avec la signification globale qu'entraîne son entrée dans l'histoire). La dissociation par rapport à Auguste fait apparaître ce problème plutôt comme une question structurelle de positionnement, un problème contingent dû plus à une projection subjective qu'à un schisme objectif : le problème d'Auguste est inhérent à sa relation organique au monde et le suit nécessairement dans toutes les circonstances imaginables. Ce dont il s'agit ici, c'est l'Autre comme reflet intrinsèque. Prisonnier de ses propres projections misérables, Auguste est exposé et ridiculisé. Ce ridicule provoque partiellement le lecteur implicite – Auguste reste toujours l'entrée, mais c'est la compétence de sa perspective qui est soupçonnée. Le lecteur ne peut, et c'est sa seule issue, qu'utiliser une perspective peut-être inopérante parce que non compétente ; au-dessus de cette non-compétence, nous trouvons alors le narrateur implicite comme un guide possible. Relégué à une oscillation permanente entre, d'un côté, la perspective plate mais sérieuse d'Auguste et, de l'autre, la perspective du narrateur suprême qui est souveraine, mais absolument imprécise, labile et légèrement ironique, le lecteur implicite est ainsi, avant tout, confronté à son propre manque de compétence dans le conte, ou plutôt son manque de discernement de la compétence.

De manière générale, le conte reste ouvert. A moitié terminé, pourrait-on objecter. C'est précisément cet inachèvement existentiel et structurel auquel Carlotta, la vieille dame, fait référence comme étant son expérience de vie *après* s'être dégagée de son idéologie d'intentionnalité et de perfection :

> Quand j'étais une petite fille, dit-elle, on me disait de ne jamais montrer à un sot une chose à moitié terminée. Mais le Seigneur agit-il autrement avec nous, durant toute notre vie ? (p. 271).

On pourrait voir là le métacommentaire du texte sur lui-même. Croire en la souveraineté apparente d'une construction est une erreur : les constructions sont toujours à moitié terminées, elles changent.

Et le plus important c'est justement la mobilité, la souplesse, l'existence même de cette ambiguïté inhérente, incommensurable et indécidable – qui exclut le ou bien/ou bien. Notre première lecture n'est *pas contredite* par la seconde : la structure et les énoncés de ses valeurs, le processus mesuré de formation d'Auguste, le jeu de la fascination extérieur/intérieur – tous ces éléments existent bel et bien comme des constantes, des traces d'une lecture inséparable du sens. Ils sont simplement cadrés par la présence possible d'autres éléments, comme une image trouble. Une image supposée montrer l'immutabilité de la fermeté. Ce qu'elle fait toujours. Mais elle est troublée.

Le résultat n'est ni de médiation ni de déni. « Le résultat », c'est le mouvement lui-même, saturé de contrastes dont les éléments sont localisés dans des registres de discours différents et ainsi impuissants à se résorber ou à s'affirmer les uns les autres. Mais, ainsi, le problème de révocation dans le texte mentionné plus haut est renversé par le cadre de la seconde lecture : les problèmes impliqués dans le fait de mettre en scène souverainement une démonstration des limites de la mise en scène semblent ainsi avoir été mis en scène. Mais non dans un registre où il serait possible de caractériser la mise en scène elle-même comme « souveraine ». Peut-il en être ainsi ?

Conclusion

Si l'on entend par « souveraineté » l'existence d'un système hiérarchique dans lequel une instance originelle et suprême est capable d'agir comme un intervenant décisif dans un système calculé de niveaux de connaissance, alors il ne s'agit pas ici de souveraineté. Il n'y a aucune place dans le texte pour en surveiller la complexité ou identifier la position des instances. Mais techniquement, tout ce désordre de l'énonciation est bien évidemment le fait d'un narrateur implicite suprême. Il ne figure tout simplement pas dans le texte de marqueurs qui permettraient d'affirmer le plan ou la direction de la construction – plus précisément, la multiplicité des marqueurs indiquent des directions différentes. Cet ordre (ou plutôt ce manque d'ordre) explique notre choix de lecture en deux étapes. Même s'il avait été possible, d'emblée, de dégager toutes les indécidabilités dans une seule lecture, cela aurait pu brouiller la manière très particulière dont la complexité encadre, tout simplement, ce qui est tout simple.

En résumé, d'un point de vue technique, la raison majeure de la complexité du texte tient à la souplesse de l'autorité de focalisation (et de fait, à un certain degré, à la souplesse de l'autorité du narrateur explicite et omniscient). Cela rend impossible de cerner avec précision le haut et le bas dans la hiérarchie de connaissances de l'ensemble du système de narrateurs dans le texte. Si, en effet, le focalisateur F n'est pas capable de comprendre les narrateurs à la première personne n1, n2, etc., alors leur place dans la fiction change et la hiérarchie de connaissances est modifiée. Cela n'est même pas un dilemme stable, mais il s'agit de changements constants, virtuels où le focalisateur peut, à un moment donné, être précis et tout à fait lucide pour juste après s'égarer de manière désarmante, conséquence des *taches aveugles* concrètes ou simplement d'un manque commun de précision.

L'essentiel reste naturellement que le lecteur implicite soit partiellement entraîné dans cette souplesse et dans l'incertitude qui rejaillit sur ce qui se passe réellement. Cela fait du lecteur quelqu'un qui dans un même mouvement « comprend » et « ne comprend pas ». La perspective stupide d'Auguste devient imperceptiblement partie intégrante de sa lucidité et en conséquence de celle du lecteur : avec Auguste le lecteur implicite se trouve dans ce « dehors », qui est commodément objectivant, *et*, d'une manière embarrassante, proche des centres des événements comme en réalité objet des événements. Ainsi, à la fois naïvement innocent, virginal – et complice de l'inéluctabilité des complications, que ce montage « facile » du jeu soit fait délibérément ou pas.

Le mode de fonctionnement du texte est ainsi extrêmement complexe. Il est intéressant de voir comment cette complexité dépend de manière évidente de la structure même du texte. Le montage des relations sujet/objet dans les différentes dimensions du texte a été réalisé de manière à les rendre irréductibles à une formule ou même à interdire leur agencement sur un même plan. On doit « se contenter » de la description de leurs propres développements de manière phénoménologique et du système dans sa totalité comme « complexe » [8]. Comparées entre elles, les relations singulières pourraient plus précisément être décrites comme hors congruence. Jamais elles ne se confirment, ni ne se contredisent, ni ne se modifient. Elles *sont* là, dans le même texte, et simplement simultanément, sans congruence mais constituant dans leur ensemble l'espace du texte.

Cet espace, en conséquence, est très simple et facile à surveiller – mais c'est, en même temps, un labyrinthe sans issue. Peut-être le conte de Dinesen a-t-il moins l'aspect d'un sentier balisé dans l'histoire (comme nous l'avions suggéré au début). Peut-être est-il plutôt une boucle, nécessairement et pour toujours, à l'extérieur.

(Printemps 91)

Traduit par Pierre Alseda et Lis Haugaard.

Notes

1. Cet article est une version légèrement révisée d'un chapitre de mon livre *Framing and Fiction. Studies in the Rhetoric of Novel, Interpretation, and History* (Encadrement et fiction. Etudes de la rhétorique de la roman, histoire et interprétation), Aarhus Unversity Press, Aarhus, 1992.
2. Ce qui est dit ici de l'écriture de Dinesen en général se réfère surtout à son centre de gravité qualitatif, c'est-à-dire les narrations. Un exemple de cette maîtrise « technique » sera présenté dans la lecture qui suit. Voir aussi mon « Dinesen versus Portmodernism », in Gurli Woods (ed.), *Isak Dinesen : A Reassesment of her Work for the 1990's*, TADAC, Ottawa : Carleton University Press, 1994, et mon « Syndfloden og sandheden » (Le Déluge et la vérité) in Ole Birklund Andersen (et. al.), *Fortælling og erfaring* (Narration et expérience), Aarhus University Press, Aarhus 1988. Les deux articles portent sur *Le Déluge à Norderney* et s'attachent à la mise en évidence, entre autre, de la construction narrative.
3. L'édition anglaise à laquelle il est ici fait référence est de Vintage Books, NY 1972 ; c'est un réimpression photographique de l'édition originale de 1934. Le texte danois utilisé est Gyldendal Tranebøger 1985, réimpression photograpique de l'édition de 1950. Pour la présente traduction est utilisé *Sept Contes Gothiques*, Nouvelle traduction intégrale par Mesdemoiselles Gleizal et Colette-Marie Huet, Bibliothéque Cosmopolite Stock, Paris 1980.
4. Voir e.g. Gérard Genette, *Figures* III, Paris 1972 ; voir aussi les explications pertinentes dans Shlomith Rimmon-Kennan, *Narrative Fiction : Contemporary Poetics*, London 1990, particulièrement p. 71 ff.
5. – et avec lui, fondamentalement, aux yeux du lecteur. Mais sur ce point nous aurons à faire certaines remarques supplémentaires, cf. ci-dessous.
6. Symétrique à cette instauration de valeurs, la thématique de *la vérité* peut être aussi envisagée : la vérité comme quelque chose de transcendant *derrière* les échanges versus la vérité pragmatiquement liée à eux (dans le premier cas, les grands sujets peuvent ainsi s'affirmer comme représentant la vérité à travers les projets ; l'autre vérité n'est pas représentable, n'est pas monopolisable).
7. On peut se demander s'il est ainsi pertinent de tirer des conclusions à partir des caractéristiques d'un personnage qui intervient dans un autre conte, fût-il du même recueil. Dans *Le Poète*, Auguste est un personnage totalement insignifiant. Ainsi la disposition du même nom n'est pas fortuite (nous trouverons également des rappels aux dispositions personnelles, la jalousie de l'épouse, etc.). Dans le dernier conte (p. 462), nous trouvons Auguste considérablement plus âgé. Par rapport à l'Auguste de *Sur la route de Pise* : nul changement quant à sa capacité de lucidité ou *Gelassenheit*, n'est perceptible : condamné à ne trouver de valeur aux objets que parce que les autres les lui envient. En d'autre termes, il est toujours le personnage plutôt ridicule, contemplatif, que les flacons de sels du conte de Pise

n'ont apparemment mené nulle part. Présenté comme quelqu'un qui « malgré son désir d'être heureux, [il] n'était pas doué pour le bonheur » (p. 462-463). Et la suite, légèrement ironique, si vous avez l'histoire de Pise à l'esprit, dit : « et, jeune, en avait beaucoup souffert ».

8. Les « systèmes complexes » sont, ici, à entendre dans la signification donnée par les sciences naturelles modernes, voir p.ex. Robert Rosen, « Organisms as Causal Systems Which are not Mechanisms : An Essay into the Nature of Complexity », in Robert Rosen (ed.), *Theoretical Biology and Complexity. Three Essays on the natural Philosophy of Complex Systems*, Orlando 1985. Dans sa *Realismens Metode* (La Méthode du Réalisme, Aarhus ; Aarhus Universitetsforlag 1994), Frits Andersen applique ce concept à la littérature réaliste en considérant celle-ci comme « complexe » surtout dans sa double et réciproque intégration de la mimesis et de la « mathesis », c'est-à-dire des éléments narratifs et *descriptifs* de constitution.

Philippe Bouquet
La cigogne ou le pictogramme du destin

La Ferme africaine est l'un des rares moments de la littérature mondiale où le graphisme l'emporte sur le texte d'une façon qui va bien au-delà des calligrammes. C'est bien sûr le chapitre intitulé « Les sentiers de la vie » [1].

Il s'agit d'un récit au second degré, puisque Karen Blixen y rapporte une « histoire » qu'on lui racontait lorsqu'elle était enfant. On sait que c'est celle d'un homme qui, après avoir beaucoup erré dans la nuit à la recherche d'un bruit, s'aperçoit au matin que les traces de ses pérégrinations nocturnes et le cadre dans lequel elles se situent dessinent, en fait, une cigogne. L'auteur ajoute quelques commentaires d'ordre moral sur la persévérance récompensée et sur le thème « petites causes, grands effets ». Mais le passage le plus stimulant pour le lecteur est sans conteste celui où elle projette cette histoire dans sa propre vie en se demandant si celle-ci ressemblera finalement à une cigogne et quelles traces elle laissera sur la terre.

Saisie par une sorte de prémonition, elle se livre à un commentaire étonnant : que reste-t-il maintenant de la guerre de Troie et des pérégrinations d'Enée ? Une œuvre littéraire. Il est permis de se demander si elle était totalement consciente de la portée de sa comparaison. Il est en effet impossible, pour tout lecteur actuel un tant soit peu informé, de ne pas voir dans cette cigogne une image du livre dans lequel elle figure. Car si le thème du destin y est présent, comme dans toute l'œuvre de l'auteur d'une façon générale, c'est à la manière bien scandinave du destin non pas subi – du *fatum* – mais agi, du destin que l'individu accomplit lui-même, qu'il forge, voire domine. Ce n'est pas pour rien qu'existe l'expression « être plus grand que son destin ». Et la seule façon de l'être, c'est de prendre ce destin en mains, de le conduire au lieu de le subir.

Qu'en est-il ici ? *La Ferme africaine* est un livre curieux en ce sens qu'il ne cesse de refléter les conditions mêmes de sa propre existence et ce, non pas sur le simple plan de l'anecdote, mais bien sur celui, beaucoup plus fondamental, du destin. Que nous montre-t-il en effet ? Un être humain en train de se sauver lui-même du désastre par la littérature et de se hisser par la même occasion bien au-dessus de la condition qui lui était dévolue. Cela apparaît bien, en particulier, à la lecture des Lettres d'Afrique (2). S'il est une justification possible à la publication de ces lettres malgré l'opposition déclarée de l'auteur à cette idée, c'est bien celle-ci : nous permettre de nous rendre compte de l'incroyable et tragique maturation qu'a représentée, pour Karen Blixen, son séjour en Afrique. Nous la voyons en effet arriver, en 1914, jeune fille de bonne famille n'ayant jamais rien fait de ses dix doigts, doublée d'une snob s'extasiant devant la moindre particule et même, il faut le dire, d'une oie blanche. Dix-sept ans plus tard, elle en repartira en femme non seulement cruellement marquée dans sa chair et dans ses affections, mais résolue à surmonter par elle-même l'adversité. Et le moyen de cette entreprise sera la littérature. Il est évidemment difficile de dire à quel point, au moment où elle rédigeait ce livre et en particulier cette « note d'une émigrante », Karen Blixen était consciente que la littérature constituerait pour elle cette planche de salut. De toute façon, le propre de cette « cigogne » est de prendre son sens *a posteriori* et à l'insu de l'intéressé lui-même au moment où il la dessine. Nous avons donc ici une femme dont la plume – et surtout le crayon – sont téléguidés par une puissance supérieure et qui met en abîme sa propre expérience. En nous contant l'histoire de cet homme qui dessinait sans le savoir son itinéraire, elle dessine un destin qu'elle ne peut encore entrevoir véritablement mais qu'elle est bien décidée à mettre en œuvre. N'oublions pas non plus que le contour de cette cigogne ne peut apparaître qu'à un observateur situé plus haut : impossible de le discerner à l'horizontale. Autrement dit : l'acteur de ce destin, nécessairement situé sur le même plan que le pictogramme, ne peut en aucun cas en saisir le contour ni le sens. C'est le privilège de l'observateur extérieur, du lecteur par exemple.

Notre civilisation a affadi le mythe de la cigogne afin de masquer aux enfants de bonne famille le substrat sexuel de toute vie sur terre. Karen Blixen le rétablit ici dans toute sa grandeur, même si c'est par des voies quelque peu détournées. Oiseau migrateur, « navettiste » perpétuel entre l'Afrique et l'Europe, la cigogne est le messager par excellence. Ici, elle devient véritablement le vecteur du destin, éclaircissant pour l'Europe le sens d'un événement qui s'est tramé au cœur de l'Afrique, à l'insu de ses protagonistes.

(Eté 92)

Notes
1. Gallimard, Folio n° 1037
2. Gallimard 1985 ; réédition : Folio n° 2395

Johan de Mylius
Les voies du conte. Une esquisse de l'esthétique chez Karen Blixen

« I am a storyteller », disait Karen Blixen en se flattant d'avoir trois mille ans et d'être de la race de Shéhérazade, la conteuse des *Mille et une nuits*, c'est-à-dire l'héritière d'une vieille tradition dans une classe sociale donnée, l'interprète des normes traditionnelles de l'aristocratie. « Au commencement était le conte », dit le cardinal dans *Le premier conte du cardinal*, qui se termine par une polémique dirigée contre le naturalisme psychologique et par l'affirmation du droit du « Conte », de son pouvoir d'interpréter la vie et de donner une réponse aux questions que se posent les hommes sur leur identité.

La querelle avec le naturalisme provient du fait indéniable que le conte a renoncé de plus en plus à l'histoire, c'est-à-dire à l'intrigue, à l'action ; à sa place il s'est proposé de pénétrer au plus profond de l'âme humaine, d'apprendre à connaître les motifs des hommes et la complexité de leurs pensées, de trouver des causes, de creuser derrière la surface consciente. Le récit est écarté, c'est la description qui prend sa place.

C'est l'événement qui est au centre de la nouvelle classique : « Un événement qui se produit » dit Goethe dans une conversation avec Eckermann (à la date du 29 janvier 1827). Goethe soulignait par là le réalisme du récit prosaïque (ce qui a eu lieu), mais également la caractéristique de la nouvelle, à savoir la concentration sur un événement unique et le caractère « inouï » de l'événement, sa « nouveauté ». Le vocable danois *novelle* signifie du reste « nouveau », traduit littéralement.

Tant que l'événement ou l'action sont au centre de l'œuvre, le récit, l'histoire en est l'essentiel. Et comme l'a montré Søren Baggesen, il y a un parallèle entre l'accent mis sur un événement extérieur et la représentation du destin. « L'histoire » classique est donc aussi un récit sur le destin.

Seule parmi tous les écrivains de son époque – à l'exception des auteurs d'œuvres légères – Karen Blixen se sert très sérieusement du mot destin comme concept-clé dans ses contes, de même qu'elle réintègre « l'histoire » dans ses droits. « I am a storyteller ».

L'est-elle vraiment ? Quel est le rapport exact entre l'esthétique de ses contes et le récit classique dont elle se dit l'héritière ? Quel rôle joue « l'histoire » dans ses histoires ? Dans quelle mesure y a-t-il un vrai *récit* ? Conter des histoires, est-ce aussi un des masques de Karen Blixen ?

Constatons tout d'abord que la partie narrative joue un rôle très modeste dans beaucoup de ses contes. L'histoire qui sert le plus fréquemment d'exemple-type du conte blixénien : *Le Champ de la douleur*, tiré des *Contes d'hiver* est fondée sur un récit populaire. Le noyau en est donc une histoire orale. Mais même si le noyau du *Champ de la douleur* est constitué par l'histoire de la femme qui a dû faucher, seule, tout un champ en un jour pour racheter son fils au prix de sa propre vie, ce récit n'est pas essentiel. Ce que fait Anne-Marie est imbriqué dans des descriptions, des réflexions et des dialogues qui impliquent deux générations, deux sexes, deux époques, deux classes sociales et bien plus encore. En réalité Anne-Marie n'est pas du tout au centre de l'œuvre. Sa présence et son action constituent le *motif* autour duquel se tisse tout le reste. Au centre il y a Adam et son oncle, Anne-Marie n'étant que la cause concrète de leurs discussions. *L'action* est repoussée à l'arrière-plan. L'histoire de ses souffrances et de son sacrifice sert de toile de fond à un échange de vues et à la description des sentiments et des états d'âme changeants d'Adam qui finira par prendre la décision de rester sur les terres familiales pour y remplir sa mission : fournir un héritier à son oncle.

Adam et son oncle s'imaginent en tous cas être au centre de l'histoire. En y regardant de plus près, on voit une ironie discrète face à cette conscience masculine d'être le centre du monde. En réalité le centre est tout à fait ailleurs, chez la jeune femme de l'oncle. Car la partie qui se joue entre Adam et son oncle la concerne, elle. Elle n'est pas au centre des réflexions d'autrui, c'est une nature qui cherche à se réaliser par amour, dans le doux sacrifice de sa vie : « Mourir pour ce qu'on aime / c'est un trop doux effort! » (en français dans le texte).

Par ce biais, on rejoint Anne-Marie, l'autre femme de l'histoire, qui meurt justement pour celui qu'elle aime. Voilà qu'apparaît brusquement dans l'histoire une symétrie entre les deux femmes. A travers les discussions des hommes, Anne-Marie se révèle être un des deux pôles déterminants, qui expriment leur être dans l'amour, l'une par un acte d'amour pur, l'autre par un acte d'amour charnel...

Mais même si Anne-Marie, vue dans cette perspective, frôle le centre de l'histoire, c'est sur un autre plan que celui qui apparaît dans l'action manifeste, sur le plan symbolique. Et cela ne change rien à la constatation initiale : « l'histoire » dont elle est le centre est repoussée à la périphérie du conte, tandis que toute une série d'autres figures empêche longtemps de voir l'histoire qui est à la base de l'ensemble et qui devrait être racontée.

En examinant *Le Champ de la douleur* on s'aperçoit que, sur les cinquante pages du conte (dans l'édition commémorative) le nombre de pages consacrées à la narration proprement dite est infime : en tout environ neuf pages, dont deux et demi concernant des événements antérieurs (le passé d'Adam et celui de la jeune femme). La description de la nature occupe six à sept pages, la description des personnages six à sept pages, les réflexions à peu près autant. De loin le plus grand nombre de pages est occupé par de longs *dialogues*, en tout dix-neuf à vingt pages.

Il est parfois difficile de séparer nettement les catégories. Ainsi il peut y avoir un élément narratif dans un dialogue, ce qui est très souvent le cas chez Karen Blixen. Quelqu'un raconte une histoire pour étayer ses dires. Dans *Une histoire campagnarde* où dialogues et narration sont davantage imbriqués, mais *Le Champ de la douleur* permet clairement et sans équivoque de déterminer la répartition des éléments du conte.

Dans l'analyse de l'esthétique du conte, les statistiques sont très éloquentes. L'histoire est un élément fortement réduit, alors que réflexions et discours sont déterminants et s'appuient sur un riche élément descriptif (souvent à caractère symbolique).

Le conte est loin d'être une histoire classique. Il contient en fait très peu d'histoire. Dans *Le Champ de la douleur*, l'histoire est imbriquée dans le feu croisé des réflexions. L'élément dialogué est formé principalement de réflexions denses ; c'est un tissu qui enveloppe « l'histoire » et qui la fait passer du simple plan de la réalité sociale à d'autres plans symboliques. L'histoire n'a plus pour objet d'être racontée, mais de susciter la réflexion, dans un mouvement qui, apparu avec le réalisme (naturalisme) a abouti petit à petit à la dissolution de l'histoire. Le conte blixénien parasite une histoire classique (ici : populaire), transmise oralement (par écrit) au point de la dévorer entière, et c'est une métamorphose qui nous donne ce que nous pouvons ici appeler *le conte moderne de la réflexion*.

Une des caractéristiques de ce conte moderne, c'est son recours au simple récit classique. Il s'imprègne de la force qu'il emprunte au récit classique et il donne l'illusion *d'être* la tradition même, mais en réalité c'est un art parasitaire en même temps que novateur et original.

Le conte blixénien a de ce fait la même base que bien d'autres formes d'art modernistes, musique et arts plastiques inclus, – avec une innocence dépravée et une ironie redoublée. Les contes de Karen Blixen se présentent au premier abord avec les traits de l'art classique du récit – les différents contes citent directement les classiques ou y font allusion – alors qu'en réalité ils s'inscrivent dans une esthétique et une conscience tout à fait modernes.

L'histoire blixénienne est à peine une histoire. C'est une histoire en jeux de miroir. Tout comme la lumière se réfracte en traversant un prisme, l'histoire est interceptée dans le prisme du conte, elle s'y réfracte et se métamorphose au contact de la réflexion. Le conte s'appuie sur un réseau de relations externes aussi bien qu'internes. Les relations internes en sont les motifs principaux, les associations, les éléments descriptifs agencés pour se répondre. Le texte se cite pour ainsi dire lui-même. Les relations externes sont l'(es) histoire(s) sur laquelle (lesquelles) est bâti le texte, qu'il a pour source. Le conte de Karen Blixen naît de cette double réfraction des citations internes et externes.

La nature du conte blixénien apparaît de façon exemplaire dans *Le Poisson* (tiré des *Contes d'hiver*), même s'il représente un cas extrême dans la production littéraire. Robert Langbaum dit même à son sujet :

Le Poisson est manifestement un poème, on ne peut s'y méprendre – un poème qui s'épanouit dans la délicate alternance et la fusion des symboles traditionnels et naturels.

Quand il appelle ce conte un poème, il veut parler bien sûr du délicat lyrisme dans lequel il baigne tout entier. Les impressions de la nature, les réminiscences des chansons populaires et des contes de fée convergent pour produire des pages écrites dans le style le plus recherché de toute la littérature. La dénomination de « poème » vient peut-être aussi de ce que le texte renferme si peu d'action véritable. Car que s'y passe-t-il au juste ? Pas grand-chose. Un roi veille toute une nuit, plongé dans ses réflexions ; le matin il reçoit la visite d'un ami de jeunesse, un ecclésiastique, qui a quitté Paris pour rentrer chez lui ; ensemble ils descendent vers le rivage pour aller voir Granze, l'esclave que tous deux ont connu dans leur enfance et leur jeunesse ; Granze attrape un gros poisson et trouve de façon inattendue un anneau dans son estomac ; Granze prépare le poisson pour ses invités.

En somme ni action, ni événement, ni histoire. Ce sont les sentiments, les réflexions, les dialogues qui constituent l'histoire. Et l'histoire elle-même explique et défend cette idée. Lorsque le roi demande à Sune comment il explique la découverte de l'anneau dans les viscères du poisson, celui-ci répond :

> Je sais que la signification des événements dépend de l'état d'esprit de ceux auxquels ils arrivent et aucune aventure extérieure n'est la même pour deux hommes. Tu es mon roi et mon souverain, mais tu n'es pas mon pénitent et je ne connais pas ton état d'esprit.

Bien loin d'être une simple réponse à la question du roi, c'est aussi l'explication de l'histoire par elle-même. Ce qui est déterminant, ce n'est pas l'action en soi, mais plutôt la disposition d'esprit, le fait psychologique. Le centre d'intérêt s'est déplacé de l'histoire au processus intérieur. L'extérieur devient alors le reflet de l'intérieur, un intérieur bien entendu secret. On peut alors définir le genre blixénien autrement que ce qu'elle-même a indiqué, en énonçant ce qui suit : *Ce n'est que parce qu'elle est un conte psychologique que l'histoire blixénienne devient un conte du destin.* Affirmer l'existence de l'histoire face au roman psychologique moderne devient alors équivoque et douteux. Où donc peut-on trouver l'histoire chez Karen Blixen ?

Pourtant il y a aussi une histoire dans ce conte. *Le Poisson*, c'est l'histoire d'Erik Glipping, assassiné comme on sait à Finderup Lade, si on en croit la légende de Marsk Stig et de ses conjurés, qui se seraient ainsi vengés du roi pour avoir séduit l'épouse de Marsk.

Mais il faut avoir progressé dans l'histoire pour découvrir de quel roi il s'agit. Nulle part son nom, Erik Glipping, n'apparaît en entier. Il n'est cité que vers la quinzième page du texte lorsque Granze salue le roi du nom de « Prince Erik ». Mais un lecteur versé en histoire aura déjà eu un soupçon quand Sune rend visite à sa famille – aux adversaires du roi – à Møllerup (le nom du manoir n'apparaît cependant qu'à la treizième page du texte ; la première fois on dit seulement que Sune « était passé par le Jutland pour voir sa famille »). Il faut attendre la fin pour savoir avec certitude qui est ce roi, lorsqu'il s'avère que l'anneau trouvé par Granze dans le ventre du poisson a appartenu à l'épouse de Marsk Stig. Quand arrive cette précision, l'histoire est pour ainsi dire terminée.

Le Poisson est construit sur un effet de suspense. Les éléments nécessaires à la compréhension sont tenus cachés le plus longtemps possible. Cette technique n'est pas seulement utilisée pour surprendre le lecteur, elle est surtout un maillon soigneusement calculé dans une thématique de l'identité. A la fin de l'histoire, *nous* lecteurs, nous savons qui est le roi, mais *lui* en même temps a réalisé ce qu'il est ; un destin s'est accompli ; une identité s'est révélée et précisée. Les événements se déroulent sur un plan intérieur, de sorte que l'identité extérieure nous apparaît comme une confirmation de l'identité intérieure. L'histoire est devenue signe.

En tant qu'histoire, *Le Poisson* est donc loin d'être un récit classique. Il n'y a pour ainsi dire pas d'événements extérieurs et quand il y en a (la rencontre avec Sune et la découverte de l'anneau), ils sont dus au hasard, sont inattendus sur le plan extérieur et inexplicables sur le plan intérieur jusqu'au moment final où les cartes sont abattues.

A cela s'ajoute que *Le Poisson* est une « méta-histoire », c'est-à-dire une histoire qui s'applique comme un calque sur des histoires antérieures et elle « lit » pour ainsi dire ces histoires ou pour employer une expression déjà utilisée dans cette étude : elle cite d'autres histoires. *Le Poisson* est une histoire parasite. Elle se révèle être tout autre chose qu'un prolongement de la tradition orale vieille de trois mille ans. Elle est la manifestation d'une écriture en miroir, une expérimentation avant-gardiste et moderniste qui s'appuie par jeu sur des textes antérieurs et sur ce que le lecteur sait des traditions.

Le conte se réfère à pas moins de quatre autres histoires qui se sont donc données rendez-vous ici pour en créer une cinquième.

La première histoire est une histoire vraie – c'est la conspiration des nobles et le meurtre du roi à Finderup Lade en 1286. S'y rattache une histoire à caractère moins historique, la séduction de l'épouse de Marsk Stig par le roi qui constitue la cause directe du meurtre. Cette série d'événements extrêmement dramatiques, sujet de ballades, de romans d'Ingemann et de peintures patriotiques n'est pas représentée dans le conte. Le meurtre du roi est *la raison d'être* (en français dans le texte) de l'histoire, mais il est repoussé en-dehors des limites de l'histoire. Il n'y a qu'un soudain rappel du déroulement dramatique de l'action, qui s'avère renfermer la clé du reste du récit. Mais l'action, « l'histoire », est alors un centre de gravité extérieur au récit proprement dit. L'intérêt s'est déplacé de l'action vers l'état d'esprit qui prépare l'action. L'histoire devient une explication du psychologique, des confins où conscient et inconscient se rencontrent.

Le conte même peut se borner à reprendre une histoire dont on connaît déjà la fin pour s'imposer ainsi lui-même comme histoire. Le conte se termine au moment où la véritable histoire devrait commencer. Considéré d'un point de vue traditionnel, *Le Poisson* devient ainsi une histoire sans pointe ni fin. Elle se termine dans un lieu apparemment arbitraire et, comme tant d'autres histoires de Karen Blixen, elle ne semble pas avoir de fin véritable. En réalité elle a une fin mais ces facteurs se trouvent sur un plan caché du conte. Ou plus exactement : en renonçant à l'histoire, le conte devient un texte d'un genre hermétique, autonome, qui s'est développé suivant d'autres lois structurelles que celles qui sont en vigueur dans le récit narratif au sens classique du terme. Le conte est, comme dit Langbaum, un poème et un poème doit absolument être une structure fermée (par la rime, le rythme, ou par des images, des associations d'idées – ou par l'un et l'autre). Le texte converse avec lui-même et ce n'est qu'ainsi qu'il établit un rapport au monde qui englobe aussi le lecteur.

La plus importante des quatre histoires qui sont citées se trouve donc, par sa place et par la façon dont elle est citée, en dehors du (après le) récit. Les autres histoires – importantes également – sont citées à l'intérieur du récit, elles sont racontées pour ainsi dire une nouvelle fois ou revivent en tant qu'éléments du conte.

Parmi ces trois autres histoires, commençons par l'histoire de l'anneau de Polycrate, une légende classique qui, grâce au poème de Schiller *Der Ring des Polykrates* a fait partie du fonds culturel de cette époque et par conséquent suscite des associations et évoque des images précises en apparaissant dans le conte.

L'histoire de l'anneau de Polycrate est reprise dans *Le Poisson*, d'une façon bizarrement déformée. D'une part elle est racontée directement – et ici aucune remarque ne s'impose, sauf celle de Langbaum qui a déjà noté que le nom du roi d'Egypte est erroné – d'autre part elle est reproduite dans l'histoire même d'Erik Glipping. Et c'est ce dernier point qui suscite l'étonnement. Polycrate a provoqué les dieux par sa chance insolente et pour apparaître comme un allié humain et crédible aux yeux du roi d'Egypte, il jette son anneau le plus précieux dans la mer. Lorsque celui-ci lui est rapporté par un pêcheur, le destin de Polycrate est scellé. Sa fortune est si provocante qu'elle va nécessairement appeler la punition des dieux sur lui. Plus tard, il sera assassiné.

Erik Glipping n'a pas fait montre d'une chance spectaculaire. Il n'a pas jeté l'anneau à la mer. Il se trouve qu'un poisson renferme un anneau appartenant à une personne que le roi n'a pas encore rencontrée. Jusque-là les deux histoires divergent totalement. Leur unique point d'interférence, c'est l'anneau trouvé dans l'estomac du poisson pêché. Mais à partir de là, elles suivent des voies parallèles : lorsque Erik Glipping reçoit l'anneau, son destin à lui aussi est scellé, car l'anneau a appartenu à l'épouse de Marsk Stig et il est passé du ventre du poisson aux mains d'Erik Glipping qui veut maintenant le remettre en personne à sa propriétaire. C'est ainsi que la fin, le meurtre du roi, s'annonce dès le début.

Ce qui manque dans l'histoire du roi Erik, c'est un épisode qui conduirait à la découverte de l'anneau et qui pourrait avoir ce qui s'ensuit pour conséquence. La découverte de l'anneau apparaît gratuite et ses conséquences sans fondement. Mais cette divergence n'est qu'apparente. Comme on l'a déjà constaté, *Le Poisson* est une histoire sans histoire, à l'action manifeste se substituent des structures cachées : « La signification des événements dépend de l'état d'esprit de ceux auxquels ils arrivent ». L'événement, c'est la découverte de l'anneau. S'il est important, cela tient à l'exploration antérieure de l'âme du roi.

C'est sur le plan intérieur que le roi Erik ressemble à Polycrate, bien que ce parallèle soit un peu particulier. On dit au début du conte, lors de la description de l'état d'âme du roi qui reste éveillé dans la nuit printanière :

> Le roi éprouvait une émotion, une agitation singulière, il était triste et pourtant il se sentait plus fort que jamais. On eût dit que sa force pesait sur lui, l'écrasant de son poids.

Cette description souligne sa puissance et sa solitude. Sa solitude est certes une conséquence de sa position élevée, mais ce n'est pas si simple, d'autres facteurs jouent également. Avec la nuit printanière comme arrière-plan, on frappe deux accords fondamentaux : la force, les hautes visées et les désirs ardents qui constituent la nature du roi et qui se sont manifestés dans sa jeunesse, ne faisant qu'un avec elle, mais qui, étant restés inassouvis, sont toujours présents en lui. A l'opposé, il est en proie à une douloureuse amertume, car la vie, l'expérience lui ont enlevé tout but au service duquel mettre sa force. « Mais à présent, où trouverait-il le vin qu'il boirait pour être heureux ? » dit l'auteur en citant Sophus Claussen. La lutte l'opposant à ses rivaux, les femmes, il connaît tout et a goûté à tout à fond et rien n'est à même de le satisfaire. De tout son être, il bouscule les limites fixées par la nature : « Le roi ne se représentait pas qu'il pût mourir lui-même ».

Les voies du conte

Pendant que le roi reste éveillé la nuit au début du conte, voici que sa conscience se détache du monde, est hypostasée ; une force s'empare de son corps, le traverse et se projette à l'extérieur dans un envol de sa conscience, une métamorphose qui le rend l'égal de Dieu : « La méditation du roi se porta vers Dieu. Sans doute le Seigneur était-il aussi seul que lui, le roi ; plus seul peut-être puisqu'il était un plus grand monarque ».

Le roi se détourne des femmes d'ici-bas, ses aspirations vont vers la Reine du ciel « la seule qui était capable de connaître et d'apprécier le cœur du roi et d'accepter gracieusement son adoration ». Un instant il se voit lui-même rival de Dieu, lui disputant la faveur de la Vierge Marie, mais il s'attribue le rôle de noble protecteur, d'adorateur désintéressé.

Oh, qu'est donc parfaite la compréhension entre le seigneur et moi, se disait le roi ; que notre accord serait doux et magnifique si nous étions seuls sur la terre, sans êtres humains pour s'interposer entre nous par leur vanité, leur ambition et leur envie !

On dirait ici en quelques pages, le temps d'une brève nuit de veille, le développement d'un processus pour lequel il a fallu à d'autres écrivains des romans entiers. *Les Fantasques* de Schack et *Einar Elkjaer* de Johannes V. Jensen, et également *Gâchis* de Tom Kristensen, dépeignent un parcours périlleux analogue, à la limite de l'homme et du surhomme. C'est précisément à ce moment qu'un violent mal de tête se manifeste chez le Conrad de Schack et l'Einar de Jensen et que le chemin mène à la folie à moins de retourner aux positions abandonnées.

Pour le roi Erik également, la limite est tracée :

A ce moment-là, le roi crut entendre un tintement de cloche dans la nuit d'été. Personne à part lui ne pouvait l'entendre. Les ondes sonores l'enfermaient comme les vagues enferment un homme qui se noie et aucun tintement au monde n'aurait pu être plus fort que celui-là. Il se mit à genoux dans son lit et leva la tête ; alors il sut, il comprit. Il s'aperçut que sa solitude était sa force, car à lui seul il était le monde entier.

Le conte ne dit pas directement comment il faut le comprendre. Si on lit ce passage tel qu'il est, on y trouve relatée l'expérience d'une identification totale au monde où, en s'embrasant, celui-ci crée un état euphorique d'élargissement de la conscience. La tête du roi se dilate jusqu'à devenir l'univers lui-même.

On pense ici à deux autres textes qui ont inspiré directement cette image : l'un est le conte d'Andersen *La Cloche*, dans lequel l'enfant pauvre et le fils de roi atteignent la grande cloche universelle, le timbre qui est la voix la plus profonde de la nature, l'harmonie derrière la discorde. Mais ici il n'est guère question d'une valorisation aussi positive. Ce que le roi *vit* comme étant l'unité totale dans sa propre force ascendante est *son* interprétation illusoire du processus, car on dit en même temps que c'est comme la mer qui se referme sur un noyé. On voit dans l'illusion de s'identifier à Dieu et au monde le début d'un processus mortel. Ce n'est pas le ciel mais l'abîme qui l'aspire.

L'autre texte, qui pourrait s'en rapprocher par l'image de la cloche, souligne justement la part d'illusion fatale dans cette expérience et fait donc s'écrouler le rapprochement avec H. C. Andersen. C'est la première épître de Saint-Paul aux Corinthiens 13,1 : « Quand je parlerais avec les langues des hommes et des anges, si je n'ai pas l'amour, je ne suis qu'airain qui sonne ou cloche qui retentit ». C'est précisément ce qui se passe avec le roi. Il s'est détaché de l'amour et il vit l'ascension de sa force, la divinisation illusoire de soi, une expérience accompagnée du tintement d'une cloche.

Les deux rapprochements, l'un avec Andersen, l'autre avec Saint-Paul, sont-ils nécessaires et justifiés ? Ou bien est-ce aller trop loin dans l'interprétation du texte ? C'est probablement surinterpréter le texte que de les y associer ainsi, mais ils ne font que souligner une dualité qu'on pouvait déjà constater dans le texte même. Ces deux textes ne sont pas essentiels pour comprendre le conte, il n'y est pas fait non plus de référence explicite dans le texte même. Par ailleurs ce conte, comme c'est souvent le cas chez Karen Blixen, est né de multiples relations avec d'autres histoires et d'autres textes. Ce type de texte vit de l'écho qu'il éveille dans la conscience du lecteur quand celui-ci le rapproche d'autres textes.

Le pivot du récit, c'est ce point, l'élévation à l'égal de Dieu, l'histoire fatale de la cloche et de la noyade et ce point est décisif dans la vie du roi. Ici sa mort est scellée.

Or, par la suite, cet événement se produit réellement, mais sur deux niveaux opposés. Le roi vit son illusion jusqu'au bout et croit trouver une confirmation de son égalité avec Dieu, mais en réalité ce au-dessus de quoi il s'est élevé le saisit et le conduit à la mort.

Les éléments liés à son expérience du bruit réapparaissent. Le lendemain il descend avec son ami de jeunesse Sune jusqu'à la mer qui lui apporte un cadeau, l'anneau, confirmation de son égalité avec Dieu, mais en réalité une invite à la mort. Et au bord de la mer, il voit qu'« une lumière vague et indistincte et le murmure incessant du ressac emplissent le monde comme s'il eût été une cloche de verre, un bruissement profond monte des profondeurs de la mer... C'était ce bruit-là que le roi avait entendu en rêve au matin ».

La part d'illusion dans l'interprétation que donne le roi ressort de l'image de la nature qui suit. L'expérience d'unité vers laquelle le roi s'est senti s'élever dans le fatal élargissement de sa conscience est équivoque : « La mer et le ciel se confondaient tout autour de l'horizon dans une sorte de jeu instable et déroutant ». Voici le cercle tracé, dessiné, mais qu'indique-t-il ? C'est la voie ouverte à une interprétation lourde de menaces : « instable et déroutant ».

C'est le premier endroit où s'esquisse l'image d'un anneau (« Tout autour de l'horizon »). Cet anneau apparaît ensuite sous deux formes : d'abord sous la forme de l'auréole que Granze voit au-dessus de la tête du roi lorsque celui-ci atteint le sommet de la colline – et cela doit coïncider justement avec l'expérience de la mer et de l'horizon dont on a parlé ci-dessus. Ensuite il y a l'anneau dans le ventre du poisson, cet anneau qui conduit le roi à l'épouse de Marsk Stig et par là à la mort.

L'anneau que le poisson apporte au roi Erik est le pendant de l'anneau qui auréole sa tête. Autrement dit : se diviniser soi-même ne va pas sans conséquences en retour. Le roi est enfermé par le substrat élémentaire dans la force qu'il a sublimée. Il a repoussé le monde dans son orgueil de souverain, mais la pulsion élémentaire ne se laisse pas supprimer. Le roi *est* Polycrate. En surface, la découverte de l'anneau apparaît inattendue et gratuite. Sur le plan « occulte » de l'histoire, le roi reçoit de l'abîme l'anneau qui lui a fait au-dessus de la tête une auréole lumineuse.

Tout le parcours du roi est un mouvement descendant vers l'élémentaire. Avec Sune, son ami de jeunesse, il revient voir Granze, le camarade de sa jeunesse et de son enfance. Sune est homme d'église, il est associé à la clarté et à la lumière. Au contraire Granze, le Wende, est associé à l'élémentaire, à l'obscur, à l'inconscient. Le roi croit exercer son pouvoir sur tout, sur les deux faces de la personnalité, mais son mouvement descendant vers la mer montre qu'il n'en est rien.

Granze s'adresse d'abord à Sune, lorsque les deux cavaliers arrivent au rivage. Le cheval de Sune bondit en avant de celui du roi – signe que Sune et le roi sont deux faces de la même réalité, tandis que Granze /la mer/ l'élément représente une puissance extérieure et supérieure.

La parenté entre Sune et le roi tient au fait que tous deux, chacun à sa façon, l'un par pudeur chrétienne et intellectuelle, l'autre dans une violente hypostase du moi, ont tourné le dos à l'humanité élémentaire. Sune, à l'étranger, a été mêlé à une histoire avec une dame, mais il a refusé de coucher avec elle. La femme a voulu se venger en l'empoisonnant avec de la mort-aux-rats. Voici le commentaire de Granze : « Si les rats consentaient à vivre dans les trous que Dieu a faits pour eux, les gens ne leur pardonneraient pas ». Ceci éclaire la suite du texte et va même au-delà. Car le roi va réellement dans le trou que Dieu a fait pour lui – et pourtant il est tué. Qu'est-ce que cela signifie ? Répétons que ce n'est pas l'événement, mais l'état d'esprit de celui qui le vit, qui est essentiel. Ici entre en scène le deuxième des textes / des histoires que cite *Le Poisson*. C'est l'histoire de Canut le Grand. Il y a dans le texte une référence directe à l'histoire connue des courtisans de Canut qui le flattaient en lui disant qu'il était tout-puissant. C'est pourquoi il fit descendre son trône au bord de la mer et il demanda à la mer de se retirer et de ne pas le toucher. Mais la mer recouvrit ses pieds comme elle l'avait fait jusqu'alors. Canut avait ainsi marqué les limites de son pouvoir ou plus exactement il avait montré qu'il n'y avait qu'un seul tout-puissant – Dieu.

Le roi Erik se remémore cette histoire lorsque Granze lui eut donné l'anneau trouvé dans le poisson. Mais le roi – qui du reste dans ce milieu primitif au contact de la mer et de Granze a régressé au point d'avoir l'apparence d'un garçon immature – persiste dans l'aveugle ivresse de soi-même. Il conteste l'histoire de Canut : « Mais si la mer lui avait obéi, Sune ? Si elle lui avait obéi ? »

Que le roi réponde à l'appel de l'anneau et « aille dans le trou que Dieu a fait pour lui », ne signifie pas qu'il trouve sa véritable identité ni qu'il accomplisse la destinée inhérente à sa nature. Au contraire cela implique qu'il fasse violence à sa nature. Il trouve dans la découverte de l'anneau la confirmation de sa propre divinité. C'est pourquoi, il est mûr pour mourir.

Il n'est ainsi pas question, comme le croit Langbaum, d'un processus d'individuation, débouchant sur une identité dans laquelle se fondent le commencement et la fin, à la fois éros et mort. Il est question d'hybris puni par Némésis. Un parallèle évident avec l'histoire de Polycrate, mais réfléchie dans un processus psychique complexe. L'histoire de Canut le Grand est une « histoire auxiliaire » qui par contraste fait ressortir l'attitude du roi Erik.

Les perspectives qu'ouvre cette histoire d'hybris – némésis sont encore approfondies par une histoire supplémentaire qui est insérée dans le texte comme référence et comme modèle. Il s'agit de la Passion du Christ.

Au matin, étant arrivé au bout de ses méditations nocturnes, le roi se sent calme, léger, rasséréné, il « savait quel chemin prendre – il était lui-même le chemin, la vérité et la vie ». Ce sont les propres mots de Jésus, parlant de lui-même (Saint Jean, 14, 6). Utilisée dans ce contexte, cette citation a une double signification. En premier lieu, celle-là même qui est formulée, c'est-à-dire que son moi est le chemin qu'il a choisi, autrement dit le moi – hybris mentionné ci-dessus. En second lieu, son égalité avec Dieu.

Cette identification à Jésus ouvre une voie tracée tout au long du texte. En descendant vers la mer, le roi pose une question à Sune. Il veut savoir pourquoi tous les hommes se plaignent de leur sort, pourquoi aucun n'est heureux là où il est :

L'homme ou du moins un homme entre tous ne devrait-il pas, somme toute, être en plein accord avec le Seigneur pour pouvoir dire : « J'ai trouvé la solution de l'énigme de ce monde, j'ai fait mienne cette terre et je suis heureux ».

En guise de réponse, Sune lui raconte à sa façon l'histoire de l'incarnation de Jésus – ou plus exactement il en donne une variante de son cru. L'idée centrale en est que le salut de l'homme se trouve dans la souffrance.

Sune ne répond qu'à la première partie de la question posée par le roi, celle qui concernait la plainte des hommes. Ou bien il ne comprend pas le reste des paroles du roi, ou bien son récit constitue une réponse indirecte. Ce à quoi le roi songe en réalité, c'est à nouveau à son entente imaginaire avec le Seigneur, à son égalité avec Dieu. La réponse de Sune contient une histoire en sens inverse, l'histoire de Dieu qui prend apparence humaine.

Sune pour sa part comprend sa réponse comme une réponse orthodoxe de l'église à la détresse humaine : le salut est dans la souffrance. Mais d'un point de vue structurel, cette Passion rendue d'une manière très peu orthodoxe sert d'explication provisoire à l'hybris du roi, explication donnée par le *conte*. Dans une quatrième histoire, citée dans le récit blixénien, celle d'Ahasvérus que le roi a rencontré dans sa jeunesse et auquel il s'identifie, l'autodivinisation du roi nous est présentée à titre d'avertissement comme un acte téméraire qui sera puni : Ahasvérus ne voulait pas reconnaître Dieu tel qu'il se présentait à lui dans le Christ souffrant, il ne voulait pas reconnaître la Passion ni aider à porter la croix. Cette autodivinisation donc est mise en relief par le mouvement contraire, l'incarnation, la souffrance comme condition du salut. Le roi dans sa puissance souveraine s'est élevé au-dessus de la condition humaine, s'est soustrait à la souffrance.

Partant de l'égalité avec Dieu, la « fausse » identification à Jésus et passant par le récit de la Passion, la ligne est toute tracée jusqu'à la fin de l'histoire, où Granze invite le roi à manger le poisson :

Les voies du conte 75

> Regarde, mon maître! Le poisson a fendu les flots jusqu'ici et il a été pêché, maintenant il est frit et prêt à être servi, tu n'as plus qu'à le manger, maître. Le temps est venu, ton repas t'attend!

Ces paroles qui concluent le texte sont apparemment banales, elles forment la boucle décorative finale mais elles sont sans rapport avec la thématique et elles ne constituent pas non plus un moment de l'action. Mais comme ce texte, d'un point de vue esthétique, est ordonné et présente un entrelacement de relations internes, ces lignes finales renvoient elles-mêmes à autre chose. Il y a un texte caché derrière cette apparence dépourvue de conclusion et de densité. Les associations et les citations du texte prises au premier degré font apparaître un autre texte situé beaucoup plus profondément.

Il y est question d'une « dernière action », l'esclave dit manger [æde] [1] et non manger [spise] [2], il dit : le temps est venu et « ton repas t'attend ».

On retrouve la ligne qui part du sentiment qu'éprouve le roi d'être le chemin, la vérité et la vie, et qui aboutit au récit de la Passion. C'est la Cène qui apparaît dans cette image finale.

Ainsi s'ouvrent plusieurs perspectives, d'abord la confirmation de la souffrance, condition du salut, et par conséquent la contestation de l'autodivinisation du roi. Et aussi tout simplement la confirmation de la mort inévitable du roi. Et pour finir la certitude qu'en prenant ce repas, le roi mange sa propre chair. (dans la Cène, Jésus a dit : ceci est mon corps, prenez-le et mangez-le ; ceci est mon sang, prenez-le et buvez-le) – « ton repas » : le roi mange sa propre chair sans le savoir, il prépare sa propre mort. C'est l'accomplissement (« le temps est venu ») mais aussi l'ironie du destin.

Le conte *Le Poisson* est tout autre chose qu'une reprise de la tradition du conte. Il exploite à fond la tradition, son texte naît de la rencontre avec d'autres textes bien connus, mais lui-même est un produit d'un genre tout à fait différent des histoires qu'il cite et dont il se nourrit. C'est un langage qui se réfléchit, qui comprend un texte immédiatement perceptible et un ou plusieurs textes occultes. Le texte manifeste met sur la voie du texte occulte par un entrelacement de relations linguistiques et de citations / d'associations externes.

Lire ce genre de texte de Karen Blixen n'est pas la même chose qu'entendre un conte des *Mille et une nuits*. On n'y progresse pas à travers une série d'événements, on y descend à travers un paysage textuel, où les éléments séparés conversent ensemble sur de nombreux niveaux d'association différents, et invitent à une reconnaissance et à un rapprochement *à l'intérieur du* cadre du texte.

Pris au premier degré, *Le Poisson* raconte comment, dans une histoire dépourvue d'événements, on descend vers la mer, comment on trouve un poisson renfermant de façon inattendue un anneau. Si on s'attache au texte, on se meut à travers des réflexions, des formulations et des associations qui évoquent un paysage tout différent, un paysage intérieur.

Le conte blixénien bénéficie d'un double éclairage : il semble reprendre une tradition trois fois millénaire, alors qu'en réalité il renouvelle totalement le genre : c'est un métatexte où tout est réflexion, un récit hermétique où l'histoire, abolie, se fond dans le murmure que le texte entretient avec lui-même. C'est du modernisme et non du traditionalisme. Au début, on a constaté que de nombreux textes, typiquement blixéniens, comportent des dialogues au lieu d'être des récits narratifs traditionnels. L'analyse du *Poisson* a montré qu'il y a une forme supplémentaire de dialogue dans ces textes, les « conversations » habilement menées entre les éléments du texte.

Rapprochés du reste de la littérature moderne de cette époque et de la suivante, les traits du conte blixénien nommés ci-dessus n'étonnent pas spécialement. Le paradoxe est que Karen Blixen se soit appliquée à donner à ses textes une apparence de tradition ancienne – particulièrement sensible dans la langue et l'orthographe – alors qu'en réalité ils expriment la disparition de cette tradition, une crise de conscience moderne et une conception moderne – ou moderniste – de l'art.

Ses textes font croire à un retour en arrière, à la réécriture d'un récit original, prémoderne, tout comme l'époque qui y est évoquée marque un retour aux « jours anciens » et que la conteuse elle-même affecte d'être soit une sibylle millénaire, soit le dernier porte-parole d'une classe supérieure sur le déclin. Ces apparences ont été déterminantes dans l'accueil fait à Karen Blixen, tant aux Etats-Unis, quand sa renommée s'est établie, qu'au Danemark, quand on s'est mis à célébrer son culte. Cela ne fait que quelques années qu'une nouvelle image de Karen Blixen se dégage, surtout depuis la publication de ses *Lettres d'Afrique*, où l'on fait connaissance de quelqu'un de bien différent des masques qu'elle porte dans les contes.

La profonde ambiguïté qui ressort des contes empêche de prendre une position directe et affirmative face à au moins deux traits marquants des histoires : la discussion ouverte des textes sur les comportements sociaux (par exemple la morale bourgeoise et la conception qu'a Karen Blixen de l'aristocratie) et les dimensions mythiques des textes. Le fond de l'affaire, c'est l'utilisation de textes comme « arguments transférables » – c'est-à-dire des arguments qui peuvent être détachés de leur contexte et appliqués à d'autres personnes dans d'autres situations – et c'est leur utilisation comme guides de la connaissance, comme archétypes de la connaissance.

Le raisonnement critique est d'une certaine façon une discussion étrangère et indésirable dans ce monde de la dualité, face à des textes qui suscitent à la fois la réflexion et l'imagination des lecteurs. Mais c'est en portant son attention sur l'expression artistique et l'esthétique des textes que le raisonnement critique peut dégager les éléments constitutifs de l'expérience immédiate de la lecture.

(1988)

Traduit par Odile Billy.

Notes
1. Terme archaïque avec référence biblique ; NdT.
2. Terme usuel ; NdT.

Birgitte Blomquist Debusigne
La narrativité – étude de la bande-son des films tirés d'œuvres de Karen Blixen

Les histoires de Karen Blixen font partie d'une tradition d'histoires orales dans laquelle la voix, l'intonation et la mimique du conteur jouent un rôle. Même le rythme de l'histoire est plus important que l'intrigue. Le poids mis dans les paroles sollicite l'imagination du public. Il y a de la séduction à travers l'œuvre écrite. Un tel langage métaphorique est impossible à rendre dans l'œuvre filmique. L'univers de l'histoire – la diégèse – chez Karen Blixen est illimité et plein de références, puisque l'histoire des personnages reste un prétexte pour atteindre l'universalité.

L'image filmique semble incapable de rendre ce côté de l'œuvre écrite. D'où la nécessité de la bande-son : paroles, musique, bruitage. L'image et le son forment ainsi un tout, le son donnant même sens à une image muette. L'importance du son tient en effet à plusieurs facteurs. Nous sommes constamment récepteurs de sons – même avec le dos tourné vers l'écran. Peut-être « le mariage forcé » [1] montre-t-il mieux son attachement à l'image et comment l'ensemble peut changer en variant le son. Les sons constituent une grande partie de la narration, la seule contrainte étant la crédibilité. Dans l'œuvre écrite nous acceptons des irréalités puisque nous les lisons et les « voyons » avec une certaine subjectivité. A l'écran nous avons certaines habitudes, même critiques.

Que ce soient les paroles (dialogue ou voix-off) ou les sons ambiants, nous acceptons une transmission complète inhabituelle. Nous sommes effectivement des auditeurs privilégiés entendant alors tout **plus précisément que** dans la vie courante. Dans la mesure où les sons sont rarement pris en direct, nous avons l'habitude qu'ils soient très clairs. Ils ne ressemblent alors plus à la réalité, c'est-à-dire à la façon dont notre oreille trie ces sons dans notre milieu. Pris par l'action ou le rythme des images, nous percevons ces sons comme tout à fait naturels. Leur rôle est donc renforcé à l'insu du spectateur. Un son ambiant – off ou in – s'associe à l'histoire après des répétitions. Dans *La Ferme africaine* Karen Blixen a installé un coucou qui en principe produit un tic-tac constant. Dans la vie réelle nous gommons des sons constants autour de nous et nous finissons par ne plus les entendre. Le tic-tac n'accompagne donc pas non plus les images prises dans le salon. Cependant, dans deux scènes [2] nous entendons ce bruit à des moments de crise entre Karen Blixen et Bror. Pour que le son signifiant devienne plus fort, le bruit est perçu comme son ambiant d'abord entre deux dialogues, donc très clair et intelligible, et disparaît totalement après avoir accompagné parallèlement le début des dialogues. Alors ce son ne fait plus partie de la situation réelle mais provoque une transparence synchrone narrative.

Souvent nous reconnaissons certains sons seulement parce que nous imaginons ce qu'ils devraient être. Les bruits exotiques d'insectes et d'animaux de toutes sortes qui accompagnent les images dans *La Ferme africaine* rentrent dans la mémoire des spectateurs. Ils finissent par devenir les sons « véritables » de la brousse en Afrique. Nous trouvons des exemples de sons inconnus du grand public : les rugissements des lions lorsqu'ils attaquent le campement ; des grondements indéterminables qui restent hors cadre ; nous ne voyons jamais leur origine, mais par contre leur présence fait partie de l'histoire puisque les personnages y réagissent comme à des avertissements. Nous ne trouvons pas une minute de silence. Ces sons deviennent de fascinants bruits de fond continus ne disparaissant totalement que pour donner place au dialogue.

Notre place est proche de tout ce qui se passe dans le cadre. Notre oreille atteint des lieux lointains, et nous entendons des sons bien avant que la caméra ne capte l'image. Dans *Le Champ de la douleur* nous pouvons suivre pendant quelques instants le discours qui a lieu dans le champ de blé ; la caméra est fixée sur le vieux seigneur près du pavillon. Le son même franchit toutes limites dans le temps comme nous le voyons dans le début de *La Ferme africaine* ; Karen Blixen, âgée, assise dans sa chambre de Rungstedlund, commence le récit. Elle se fait « narrateur » de sa propre histoire. Puis elle est rapidement présentée par la caméra. Immédiatement après, nous entendons des coups de fusil pendant que la caméra se déplace lentement de la fenêtre jusqu'aux champs où a lieu une chasse et où nous rencontrons la jeune Karen, tandis que les sons se superposent.

Quand nous lisons les histoires de Karen Blixen, le rythme est en partie donné par les titres des chapitres – une image-flash aux lecteurs. De même leur nombre a une signification importante à la fois pour l'histoire et pour une éventuelle reprise de la lecture ou de l'écoute. Au cinéma la bande-son se charge de produire une ponctuation dans certains cas.

Les coups de fusils au début du film *La Ferme africaine* sont le point de départ de l'histoire. Puis de la même façon, à la fin du film, le sifflement donnant le départ du train est le signe que l'histoire se termine. Plus tard, nous allons entendre des détonations de revolver à la fête de fin d'année. Karen Blixen se trouve face à Denys Finch Hatton qui l'embrasse pour la première fois. Bror a – très symboliquement – quitté la fête. En effet, cela précède la décision de Karen Blixen : son mari doit quitter la maison pour vivre en ville. En même temps, c'est un double tournant dans l'histoire puisqu'il s'agit de la fin de la guerre.

Orson Welles applique cela d'une manière plus théâtrale. Dans *Une Histoire immortelle* il joue le vieux Mr. Clay, malade de la goutte. Il a des difficultés à marcher et utilise alors une canne. Quand il a pris connaissance de l'histoire d'Elishama et que ce dernier s'apprête à partir, Mr. Clay l'appelle à l'aide de sa canne. Il donne des coups secs et réguliers pour le faire revenir, comme au théâtre les trois coups marquant le début d'un spectacle. En effet, après cette scène, les préparatifs de la représentation de l'histoire immortelle commencent.

Dans *La Ferme africaine*, Karen Blixen – conteur – a déjà fait allusion à la disparition de Denys Finch Hatton, dont le spectateur est le premier averti. Nous nous envolons avec lui pour son dernier vol. La caméra subjective participe au décollage accompagné d'un chant africain. Ce chant s'arrête au milieu même d'une parole et il est clair qu'a eu lieu un accident.

Il y a aussi des moments de silence qui interviennent dans l'histoire. Selon le serviteur dans *Le Champ de la douleur* il y a trop de gaieté entre Sophie Magdalena et Adam, et eux-mêmes s'arrêtent de rire en le voyant. Il n'hésite pas à courir au pavillon du seigneur dans le parc pour lui dire quelque chose à l'oreille. Le spectateur n'entend jamais le message du serviteur ; nous le devinons seulement d'après la réaction du seigneur. Il semble indifférent, poursuivant son projet de rester là jusqu'au coucher du soleil. Ou bien souhaite-t-il que son neveu devienne le père de son héritier ?

L'absence de son peut s'interpréter à deux niveaux : par rapport aux personnages, ou par rapport aux spectateurs. Chacun n'attend, ni n'entend la même chose. Ainsi dans *La Ferme africaine* le langage métaphorique de Farah montre qu'il possède une intuition extraordinaire – des pouvoirs ? – que Karen Blixen accepte peu à peu. A la fin du film, au moment de son départ, Karen Blixen attend Denys, et nous voyons Farah, mains croisées dans le dos, regardant l'horizon. Karen Blixen l'observe, nerveuse, elle tourne la tête comme pour mieux entendre – mais il n'y a pas de son, pas un bruit. Est-ce que Farah a senti quelque chose ou sait-il ce qui s'est passé ? Il le semblerait. C'est bien cela qui la rend nerveuse. Ce silence fonctionne comme des points de suspension et d'interrogation. C'est un moyen dramatique pour le cinéaste et un lien direct avec l'œuvre écrite.

Le silence peut également cacher un événement qui n'est pas perçu, tel l'enchantement qu'Orson Welles obtient avec l'image finale du coquillage. Nous connaissons tous le bruit de la mer qu'il contient. Fidèle au texte, l'absence du son sert de provocation. Alors qu'auparavant le jeune marin le mettait à son oreille, tout en demandant à Mr. Clay de transmettre son cadeau à Virginie. De même à la dernière image, Elishama ramasse le coquillage, le porte à son oreille, en disant : « Je l'ai entendu déjà, il y a très longtemps. Mais où ? » Nous devrions entendre « le bruit de la mer » – comme bruit subjectif. Or comme celui-ci couvre le souvenir ou la mémoire d'Elishama, Welles ne nous le fait pas entendre. Magie par laquelle il nous réinstalle dans l'universel au delà de l'anecdote. Suppression de l'axe du temps pour rejoindre l'éternité. Ceci par le biais du symbole de la coquille, symbole commun à notre histoire à tous.

Les deux types de musique de fosse dans *La Ferme africaine* – le chant africain et la musique de John Barry – ont des buts différents. Racontant toutes deux l'histoire de l'état d'esprit de Karen Blixen ; le chant africain est surtout lié à l'espace, la musique américaine liée au temps. Par contre la musique intradiégétique reproduite sur le grammophone devient la musique des personnages. Mozart [3], annoncé déjà au début (« He even took the gramophone on safari... three rifles, supplies for a month... and Mozart ») [4], devient le référent de Finch Hatton. Elle accompagne, comme dans le livre, des moments émotionnels forts, jusqu'à la dernière rencontre. Puis elle est remplacée par un « oui » en écho, montrant que Karen Blixen s'envole avec lui pour son ultime voyage.

Dans *Le Champ de la douleur* la musique fonctionne également comme un médiateur de l'esprit du personnage. Pendant que le vieux seigneur surveille le déroulement de la moisson, Adam se trouve en compagnie de sa jeune tante : Sophie Magdalena. Elle chante en s'accompagnant au clavecin [5], tout comme Adam. La musique sert d'excuse. Sophie Magdalena retrouve le rire propre à son âge. La spontanéité d'Adam se transforme en complicité.

Après neuf ans d'absence, Adam se trouve de nouveau dans la maison de son enfance. Le jour de son arrivée est très important : c'est le début de la moisson. C'est un moment plein de symboles et de mystère qui semble influencer l'état d'esprit d'Adam. Il est déjà sensible à tout ce qui se passe autour de lui : il se fait prédire son avenir en Angleterre. Pendant ses promenades sur les terres, il a des visions, il se revoit lui-même lorsqu'il était enfant. Plus tard, dans le champ avec son oncle il entend le chant de Sophie Magdalena, ce qui finalement le retient au manoir. Or, Adam, en désaccord avec la façon d'agir de son oncle, voulait partir. Quand il entend, et nous avec lui, la musique, il change d'avis. Ici la musique, bien que la source soit l'écran, est le résultat de l'imagination d'Adam. C'est un bruit subjectif, jouant le rôle d'une voix intérieure, remplaçant les paroles. Dans le même temps c'est un son off puisqu'il nous est réservé. Adam devient narrateur. Cela se passe en effet derrière le dos du vieux seigneur, qui croit, par son discours, avoir convaincu Adam de rester. Nous pouvons l'appeler ironie dramatique puisqu'il y a une complicité entre un seul personnage et le spectateur, ignorée des autres personnages. Il est aussi directement en relation avec l'histoire car Adam se sent dirigé par les « liens qui l'attachaient à ces lieux [qui] avaient un caractère mystérieux ». Il n'hésite pas à le dire à sa jeune tante. Les deux fois qu'il lui en fait la confidence, elle n'entend pas ou ne comprend pas. Peu importe. L'information, ou plutôt l'explication, s'adresse au spectateur, tel le monologue en aparté conventionnel au théâtre pour mettre le public au courant. Il ne la répète pas. La troisième fois nous entendons le chant encore dans le salon de musique. Adam demande à Sophie Magdalena de jouer « quelque chose ». Au lieu de varier son répertoire elle reprend sa première chanson, celle à laquelle Adam l'associe. Après tout elle avait probablement entendu son discours et joue là-dessus. La répétition de l'air sert d'effet dramatique dans l'intrigue, faisant partie de la création du cinéaste comme sa lecture du livre.

Dans *Le Festin de Babette*, le chant est utilisé comme une sorte de rite de dévouement concluant les réunions qui ont lieu à la maison autour du père. Il était le représentant de Dieu pour le petit groupe. C'est pourquoi après sa mort ces réunions se perpétuent. Il n'y a plus de messes à l'église, mais les sœurs reçoivent régulièrement les vieilles personnes. Comme les deux sœurs n'ont pas la personnalité de leur père, elles ont des difficultés à maintenir le groupe uni. Elles se servent donc de la musique comme un élément d'autorité avec plus ou moins de succès. La musique devient communion – ils se tiennent par la main – lorsqu'ils prennent congé après le repas à la fin du film. Mais leur relation avec la musique n'est pas uniquement religieuse. Philippa est très douée, elle domine le chœur à l'église. M. Papin, artiste lyrique, arrive déjà à distinguer sa voix du dehors de l'église. De nouveau un effet dramatique est créé puisque le spectateur a déjà vu une scène équivalente. Donc nous nous trouvons encore comme un troisième point dans le triangle avec les deux personnages.

Au cours des leçons de chant, la musique est en alternance son in – quand la caméra suit la leçon – et son off – quand elle passe derrière la porte dans la pièce voisine, où le pasteur écoute avec sa seconde fille, Martine. L'image nous le présente anxieux, tenant la main de sa fille. Il croit que la musique peut être dangereuse. Philippa va le découvrir elle-même plus tard et les leçons cesseront.

Welles utilise très peu de musique dans *Une Histoire immortelle*, essentiellement au début. Dès la première image il y a un accompagnement au piano [6] comme une musique off. Le titre et le générique ne commencent que quelques secondes plus tard. C'est un adagio dont le rythme s'accélère au moment où le conteur commence son récit. Il parle du temps passé lorsque Mr. Clay était en bonne santé et jeune. Dès que celui-ci entre dans le cadre, le conteur prononce son nom, Mr. Clay (argile!). Il nous explique son état et sa vie solitaire : une personne malade et presque paralysée. Alors la musique change selon l'époque dans la vie de Mr. Clay et son état de santé.

Le scénario de *La Ferme africaine* était trop long et beaucoup de scènes ont été coupées. Au niveau de l'image il y a donc des passages où nous avons des flashes consécutifs, qui ne sont pas nécessairement liés de façon naturelle. La bande-son s'en charge. Soit avec la musique de John Barry, soit avec celle de Mozart ou bien par des chants africains. Sidney Pollack accompagne les fragments de situation avec une bande-son en continu souvent superposée avec la voix de Karen Blixen vieillissante. La première fois où Karen Blixen rentre au Danemark à cause de sa maladie, elle y reste plus d'un an. Cette longue absence passe vite dans le film. Nous regardons des images de la ferme (Farah qui plusieurs fois change les fleurs dans la chambre) alternées avec des images d'extérieur, tandis que la voix-off nous explique ce qui se passe au Danemark. Un seul morceau de musique accompagne ce passage accéléré. Il n'y a pas de cohérence entre la bande-son et les images, et pourtant elles illustrent la même chose. C'est une nostalgie que montrent les images comme les paroles évoquant la situation difficile au Danemark.

Dans l'œuvre écrite nous trouvons un conteur qui transmet l'histoire au public. Il prend la responsabilité des informations données. Les personnages se placent comme des pions sans autres mouvements possibles. Ils ont tous une ligne de vie à parcourir – prédéterminée. Cette même structure peut être difficile à rendre au cinéma, puisque cela peut sembler artificiel. Nous l'acceptons dans *La Ferme africaine* parce que le conteur a une identité. Mais dans chaque film la part du conteur peut être augmentée. Une histoire est transmise par un autre personnage ou bien un élément (note, carte de visite ou bien lettre). Il

La narrativité 85

s'installe alors de nouveau un jeu triangulaire entre le messager, le récepteur et le public. C'est un jeu où le destinataire finalement n'est que le public mais où le style de l'écrit et son effet grâce à la bande-son peut être suivi dans l'œuvre filmique. Nous voyons – ou entendons – des passages comme dans le livre qui nous racontent les relations entre les personnages et leur état d'esprit. Dans l'immédiat, c'est un raccourci pour donner le plus d'informations possibles. Mais après tout, il s'agit d'un rapprochement avec le langage métaphorique de Karen Blixen. Le personnage est uniquement un moyen de rentrer dans un schéma qui met des éléments à leur place selon des règles universelles. Les trois « témoins » [7] dans le film *Une Histoire immortelle* ont justement pour cela exactement la même voix reflétant une mémoire commune. Les personnages sont porte-paroles de la même histoire. Aussi bien dans le livre que dans le film Virginie, Mr Clay et Elishama racontent une partie de cette histoire. Une histoire impossible et unique qui se montre irréalisable.

Conclusion

Le rôle de la bande-son influence à la fois l'histoire mais aussi notre relation avec ce qui est exprimé. Depuis le cinéma parlant, le spectateur a en effet été éduqué. Désormais il accepte des conventions autant au niveau de la production de l'image qu'au niveau du son. Là où un son est utilisé d'une façon non-conventionnelle, il ajoute un sens complémentaire aux images.

Le spectateur est alors dans une situation de réalité puisque tout est imaginé comme dans la vie réelle, mais d'un autre côté nous sommes placés dans une position qui dépasse la réalité. Le film nous donne le privilège de tout entendre – même ce que les personnages n'entendent pas. Cela crée une transparence filmique : mais en ce qui concerne la narrativité, il est évident que notre omniprésence permet de combler d'éventuels manques de l'histoire. Par rapport à la lecture, les sons font davantage appel à notre sensibilité. Après tout c'est à travers les mots, et chez Karen Blixen surtout grâce aux images et aux structures temporelles, que notre imagination est mise en route. Le son du film nous rapproche de la littérature orale. Le son raconte alors l'histoire à sa façon en jouant sur le rythme et l'accentuation. Le son a de plus la faculté de rendre la narration plus fluide, établissant une continuité là où les images sont interrompues (Ellipses économiques dont Godard se fera le virtuose). Le son fait un lien temporel les rendant acceptables à l'écran. Cela peut devenir subtil quand le son n'est plus entendu par tous. Mais grâce aux images faisant allusion aux sons « entendus », l'absence du son « vu » s'ajoute à l'intrigue et nous rend actifs.

La musique a un corps indépendant et intervient apparemment sans être justifiée. Dans la narration, la musique – une fois employée – est susceptible d'être ré-employée en soulignant l'aspect intentionnel du cinéaste, touchant profondément le spectateur. Il la reçoit selon des codes universels dont sa mémoire devient un référent. La musique de fosse – employée par le cinéaste et ignorée par les personnages – suggère leurs états d'âme et l'ambiance. La musique-in nous parle différemment, employée directement sur le plateau et entendue par tous, elle intervient sur le développement spatial. Grâce à la musique produite dans le cadre, les personnages ont le pouvoir en main et réagissent directement sur le développement de l'histoire.

Donc dans la narration elle remplace des paroles, mais reflète – par sa source – des sensations qui existent chez les personnages. Elle fait partie de l'intrigue d'une façon aussi fine et aussi directe que les mots de l'histoire écrite.

La musique-in a une faculté supplémentaire. Elle a une valeur temporelle réelle, c'est-à-dire que nous l'entendons avec la valeur du temps des images. Par contre la musique de fosse est un outil pour le cinéaste qui l'utilise pour intervenir dans le temps et dans l'espace. Un certain type de musique devient alors associé à un endroit déterminé, jouant un rôle intemporel. Même si les images continuent à avancer, le son les met hors du temps ou les rend universelles. Voilà un fait qui, de nouveau, donne des possibilités à la bande-son et qui la rapproche de l'œuvre écrite.

Le son sert également de réducteur dans le temps. L'intervention du conteur, nous fait penser au texte parce que celui-ci donne le rythme et nous fait prendre du recul par rapport à l'histoire. Grâce à la bande-son, le spectateur est provoqué et prêt à réagir. Cela nous renvoie aux contes oraux dans lesquels une communication s'installe dès le début (once upon a time...). Il y a effectivement complicité entre l'écran et le spectateur. Le son nous est destiné en passant parfois par un personnage créant un triangle : foyer – personnage – spectateur. Dans cette structure similaire à celle du théâtre grec, il reste identique à la forme du conte écrit. Autrement dit, c'est dans la bande-son que nous trouvons les éléments que les images ne peuvent pas rendre. Le son leur donnent un sens. Il les rend lisibles.

Notes
1. Michel Chion, L'Audio-Vision, p. 159, éd. Nathan, Paris 1990.
2. Scène 137 et scène 207/8, *The Shooting Script*, Newmarket Press, N. Y., 1985.
3. De Mozart : Concerto No. 622, Sonate No. 331, Symphonie No. 364 et Divertimenti Nos. 136, 137, 138, *The Shooting Script*, p. 164.
4. *The Shooting Script*, Notes to the shooting script, p. 155.
5. Air chanté par Henriette Bonde-Hansen.
6. Musique écrite par Erik Satie.
7. Scénario reproduit dans *l'Avant-Scène*, 1/15-07-82.

Filmographie (après les œuvres de Karen Blixen) :
Une Histoire immortelle de Orson Welles, 1962.
La Ferme africaine de Sidney Pollack, 1984.
Le Festin de Babette de Gabriel Axel, 1987.
Le Champ de la douleur de Morten Henriksen, 1987.

René Rasmussen
Métamorphose et esthétique dans Le Singe

Le Singe de Karen Blixen est une des rares histoires de notre siècle dans laquelle on voit la métamorphose d'un animal en être humain. Mais ce n'est pas à la métamorphose elle-même que Blixen s'intéresse, c'est aux actes que peut mettre en scène l'animal sous forme d'être humain.

Au centre des récits de Blixen se trouvent très souvent des conflits entre les deux sexes qui tournent autour de l'homosexualité, de l'inceste, de la jalousie, du voyeurisme et de l'adultère. C'est le cas dans *Le Singe*. Mais Blixen ne raconte pas seulement les conflits sexuels, elle les insère dans des cadres esthétiques dont la métamorphose et le rôle du singe sont deux exemples éminents. Se situant entre l'homosexualité et l'esthétique il y a le jeune Boris.

Après un scandale homosexuel, il part vers le couvent Seven-kloster, où habite sa tante, Tante Cathinka. Elle est prieure, mais aime toutes sortes de jeux. Au couvent, on peut quelquefois remarquer un singe dans le jardin, ce singe est celui de la tante. Après avoir parlé à sa tante du scandale de son homosexualité, Boris lui demande de l'aider à trouver une femme. Elle accepte, et la femme qu'elle lui propose s'appelle Athéna, elle habite dans un château non loin du couvent. Boris et Athéna se sont connus dans leur enfance. Tout en discutant de ce problème, la prieure reçoit une lettre qu'elle lit avec un grand intérêt, mais sans en expliquer le contenu à Boris. On peut, par le contexte du récit, penser que c'est une lettre qui explique le procès du père d'Athéna.

En arrivant chez Athéna, Boris rencontre le père de celle-ci en train de lire une lettre de son avocat à propos du procès concernant ses terres en Pologne. Elle est très positive, et apparemment, le père, qui n'est pas nommé dans le récit, a gagné ce procès, que son père et son grand-père ont aussi soutenu. Il est très content, et il est encore plus content quand Boris lui fait part de son projet de se marier avec Athéna. Le père préfère pourtant en parler lui-même avec sa fille. Après cette discussion entre Boris et le père d'Athéna, Athéna revient et Boris et elle parlent de leur enfance. En attendant la réponse d'Athéna, Boris rentre au couvent et le lendemain il reçoit une lettre d'Athéna, mais sa réponse est négative.

Athéna ne veut pas se marier avec Boris, mais la tante a conçu un plan. Ils invitent Athéna à dîner, et, après le dîner, Athéna doit passer la nuit au couvent, ce qui est une chance pour Boris : quand elle ira se coucher, Boris devra la violer. N'étant pas très fier de sa virilité au moment de passer à l'acte, et pour devenir plus viril, Boris reçoit de sa tante un stimulant érotique, un philtre. Avec l'aide du philtre, Boris essaie de violer Athéna, mais elle est trop forte, et ils se mettent à lutter. Il perd deux dents dans la lutte. Soudain, il l'embrasse et elle s'évanouit. Il la regarde, sans passer au viol. Pourtant, le lendemain, la tante ment et dit à Athéna que Boris est passé à l'acte. Elle dit qu'Athéna doit se marier avec Boris pour cacher le scandale et pour qu'elle n'ait pas un enfant illégitime. Athéna accepte, mais répond aussi qu'après le mariage elle le tuera. Soudain, le singe entre par une fenêtre, et l'on assiste à une métamorphose : le singe prend le corps de la tante qui, en tant que singe, était restée à l'extérieur du couvent. C'est le singe, incarné dans la tante, qui a arrangé le dîner et le viol. Après la métamorphose, Athéna et Boris acceptent l'expérience commune, sans un mot, mais sans qu'on puisse savoir s'il y aura un mariage ou non.

Les deux métamorphoses

Le titre de l'histoire indique que le singe est la 'personne' la plus importante. Au début, on trouve cette description du singe : « La chaste prieure du couvent de Seven (...) avait un petit singe gris (...) de Zanzibar » (*Le Singe*, p. 135) [1]. Plus tard, Athéna dit qu'elle a vu le singe :

> ... sur le socle de la statue de Vénus, à la place du petit Cupidon maintenant brisé, et, à ce sujet, elle lui demanda s'il ne trouvait pas curieux que l'avocat polonais de son père eût un singe de la même espèce et venant aussi de Zanzibar. (p. 158-159).

L'avocat, qui s'occupe du procès concernant les terres de son père, grand-père et arrière-grand-père en Pologne, a aussi un singe qui vient de Zanzibar.

Le singe n'apparaît qu'à la fin de l'histoire, quand la métamorphose a eu lieu. Malgré la description initiale du récit et la discussion sur la relation entre Vénus et le singe, le singe est absent dans l'histoire jusqu'à la fin. La visite de Boris a donc lieu en l'absence du singe. Le rôle le plus important que le singe joue, il le joue par son absence. Examinons la première métamorphose, celle de la prieure en singe. Elle a lieu juste après que Boris et la prieure ont reçu la lettre où Athéna refuse le mariage. Blixen écrit :

> Tout à coup, la prieure se leva et courut à la fenêtre, comme si elle avait voulu s'y précipiter. (...)
> Ayant fait demi-tour à la fenêtre, la prieure revint vers lui, toute changée.
> Elle avait abandonné son air de bourreau. (...)
> Elle paraissait tellement plus légère qu'on eût dit qu'elle venait véritablement de se débarrasser d'un fardeau en le jetant par la fenêtre ; il semblait qu'elle flottait gracieusement au-dessus du sol. (p. 166-67).

Mais Boris ne s'est pas aperçu de la métamorphose. La dernière métamorphose du singe en prieure est plus visible :

> La vieille dame avec laquelle Boris et Athéna s'étaient entretenus un peu plus tôt se débattait, hors d'haleine ; elle fut jetée à terre, écrasée et transformée. A l'endroit où elle s'était tenue, un singe rampait en pleurnichant, battu à plate couture, cherchant un coin où se réfugier. Et là où le singe avait gambadé, se dressait, un peu essoufflée de ses efforts et les joues vivement colorées, la véritable prieure du couvent de Seven. (p. 190).

Jusque là, Boris n'a pas su ou n'a pas voulu admettre la métamorphose, et Athéna n'en a rien su. Leur réaction est la suivante :

Ils avaient suivi le déroulement des événements avec une stupeur qui les avaient privés de mouvement et de parole, et même empêchés de se regarder. (...) Désormais, entre elle et lui qui avaient assisté aux événements de ces dernières minutes et le reste du monde qui n'en avait rien vu, il y aurait toujours une infranchissable barrière. (p. 190-191).

Ils manquent de mots pour décrire la métamorphose qui les unit, mais les isole aussi du reste du monde. Jusque-là, ils ne sont pas vraiment influencés par la mise en scène du viol et du mariage, faite par la prieure ou par le singe. Bien sûr, Boris a simulé une tentative de viol, mais il est content de n'être pas passé à l'acte. Il reste dans son homosexualité.

La sexualité d'Athéna

Pour Athéna, qui n'a jamais été touchée par la sexualité, la signification de l'événement est un peu différente. Comme le dit Boris, elle ne s'est jamais regardée dans un miroir. Chez les femmes de Blixen, l'acte de se regarder dans un miroir est l'initiation à l'érotisme. Le miroir est, très souvent, le passage à l'identification féminine. C'est le cas dans la scène avec les trois filles, que Boris décrit : elles s'y regardent pour trouver leur sexualité et un savoir sur la relation entre les deux sexes. Cette façon de se regarder dans un miroir devait, selon Boris, être une cérémonie mystique « ...qui devait permettre à ces jeunes filles d'apercevoir leur futur époux » (p. 148). L'identification féminine passe par l'image du corps dans le miroir.

Revenons à la réplique d'Athéna sur Vénus et Cupidon : on voit que le singe a remplacé « le petit Cupidon ». Vénus et Cupidon, la déesse et le jeu de l'érotisme, sont deux côtés d'une seule et même figure, mais Cupidon a disparu. L'érotisme n'est représenté que par le singe. Athéna demande alors : « – Mais pour la déesse de l'Amour (...), comment pouvait-on savoir quel côté était la face, ou bien le dos ? ». Elle ne connaît pas la différence entre Vénus et Cupidon ; ou, pour elle, la virilité est, tout comme un singe, abominable. Cupidon est alors identifié au singe, à une animalité ou à un pur état corporel. La sexualité est une négativité qu'elle refoule. La différence entre les sexes et la jouissance sexuelle sont des domaines extérieurs à sa vie.

Jusqu'au viol, ainsi que le dit Kierkegaard, Athéna n'a pas encore fait le saut de l'innocence à la culpabilité sexuelle. Refusant d'être comme Vénus, une femme amoureuse de l'autre sexe, elle devient une femme comme la déesse Diane. Elle a refoulé la différence entre les sexes. Selon le mythe, Diane est la vierge éternelle qui refuse l'autre sexe et qui a tué l'homme, Actéon, qui l'a vue nue. Ce n'est pas par hasard que la tante fait référence à ce mythe. Athéna veut aussi tuer Boris après leur mariage, parce qu'elle ne supporte pas d'être un être sexué. Pourtant, elle sent l'érotisme et la sexualité au moment où Boris l'embrasse :

> A travers tout son corps entièrement collé, du genou aux lèvres, à celui de la jeune fille, il sentit immédiatement l'effet terrible de ce baiser. Elle n'en avait jamais reçu et même sans doute en ignorait-elle tout. Ce baiser, pris par violence et tout à fait inattendu pour elle, l'avait bouleversée d'un dégoût mortel. Comme si elle eût été transpercée d'une épée, le sang abandonna ses joues, elle se raidit dans les bras de Boris tel un orvet qui se débat. (p. 182-183).

L'apparition de la sexualité et le fait d'être considérée comme une femme frappe Athéna. Précisément comme Diane, cette expérience, crée un désir mortel : 'ce baiser... l'avait bouleversée d'un dégoût mortel'. Le désir de la mort est une réaction violente à l'irruption de Boris dans sa virginité qu'elle souhaite garder.

Puis, elle se sent 'transpercée d'une épée', malgré le manque de virilité chez Boris. L'épée est une métaphore phallique qui remplace le manque de virilité ou du pénis en érection chez Boris, lequel correspond à la frigidité d'Athéna. La métaphore phallique représente le manque entre eux. La connaissance de la valeur phallique signifie donc qu'Athéna connaît la relation sexuelle, mais sans savoir où situer l'élément phallique. Celui-ci devient encore plus évident tout de suite après, quand elle se raidit '....tel un orvet qui se débat'. Maintenant, l'élément phallique se situe dans son corps, 'comme un orvet qui se débat', mais Athéna refuse toujours la sexualité.

Si la métaphore phallique représente le manque de virilité du pénis en érection, il est donc évident qu'Athéna ne sait pas où la situer : entre Boris et elle, comme un élément sexuel, ou, avec la métaphore de Blixen, comme une épée ? Ou dans son corps qui devient érigé comme un pénis ? Le phallus qui représente le manque est là, mais n'est pas à sa place entre les deux sexes. D'un côté, le phallus signifie une orientation sexuelle entre les deux sexes, entre Boris et Athéna, mais de l'autre côté, il est la valeur corporelle d'Athéna. Son corps phallique est menacé par le baiser de Boris, menace qui ne fait naître que le désir de mort. Cette menace concernant son corps phallique est une menace mortelle. Face à celle-ci, elle ne peut réagir qu'avec une semblable violence. Le désir mortel ou le fantasme d'une castration physique des hommes est aussi apparent dans le souhait d'Athéna de voir : « ...à Paris, la place où se trouvait la guillotine ». Saisie et menacée dans son état phallique, Athéna réagit, tout comme Diane, avec le désir de tuer Boris.

Son père regrette de l'avoir élevée comme un garçon. Il ne l'a pas élevée comme une fille ou femme, parce qu'il lui a manqué une femme à lui-même. Mais comme Athéna a remplacé sa femme, il l'a traité d'une façon chevaleresque : « ... Athéna était (...) habituée à respirer l'encens que l'on dispense à la grâce féminine » (p. 158). Leur relation quasi-incestueuse est implicite. Le père préférait ainsi lui-même parler avec Athéna de la demande en mariage que Boris a faite. Le fait que le père n'est pas sans connaître leur relation douteuse, se révèle, quand il dit au revoir à Boris qui va retourner au couvent : « Le comte parut chagriné de l'avoir ainsi renvoyé et s'excusa d'être si dur au jeune prétendant » (p. 159). Son rôle de père n'est pas bien défini.

Il est donc content d'avoir gagné le procès en Pologne, et le procès ne lui assurera pas seulement l'argent nécessaire pour garder son château, déjà un peu délabré, mais, surtout, pour restituer sa lignée paternelle. Alors, ce n'est pas un hasard s'il n'a pas de nom, c'est-à-dire une position symbolique, dans le récit : il n'est pas capable de remplir ses fonctions symboliques de père. Il est plus proche du singe que de sa fonction de père, ce que Boris, arrivant au château, aperçoit : « Un instant, le père toisa l'arrivant en silence, tel un gorille devant sa caverne, prêt à bondir » (p. 151).

Il est compréhensible qu'Athéna refuse sa sexualité, à savoir la sexualité féminine, pour aboutir à son désir mortel. Elle refuse de jouer le rôle de femme dans la vie de son père. Et, le lendemain, après l'explication mensongère de la prieure, où elle se croit violée, Athéna refuse toujours d'être initiée au monde sexuel. Fidèle au mythe de Diane, elle refoule sa propre expérience. Elle souligne encore son désir de tuer l'homme Boris.

La castration et sa négation

Au début de la visite de Boris, la prieure reçoit une lettre, dont le contenu nous est inconnu. La lettre est, peut-être, un message envoyé par le singe de l'avocat au singe de la tante qui, alors, le reçoit par l'intermédiaire de son propre singe. C'est la seule lettre dont Boris, ou le lecteur du récit de Blixen, ne connaît ni le contenu ni l'écriture, mais si c'est une lettre du singe, donc un message non-lisible, elle n'est pas sans signification. Une telle signification est indiquée par le procès du père d'Athéna en Pologne. Et une telle écriture n'est pas l'écriture d'une bête, mais une écriture secrète et dangereuse.

Nous pouvons résumer le rôle que le singe a eu jusqu'ici, en quatre points : il remet des lettres non-lisibles ; pour Athéna, il représente la sexualité masculine ; dans la métamorphose, il remplace la tante ; et il est l'agent qui fait, d'une manière paradoxale, la castration (symbolique) des sexes, entre l'homosexuel Boris et la frigide Athéna. Il joue son rôle le plus important quand, comme agent, il essaie de faire le lien social et sexuel entre Boris et Athéna. La castration qui au contraire est déterminée par la conduite humaine, est constituée par la différence ineffaçable entre les deux sexes. Bien que l'acte sexuel, dans l'orgasme, momentanément puisse lever cette différence, l'orgasme met aussi en scène la castration dans la mesure où il ne se manifeste que comme un vide dans le psychisme humain.

Le singe tient le rôle de l'agent, bien qu'un tel lien n'apparaisse que dans la castration ou dans la métamorphose. De plus, la dernière métamorphose n'introduit pas seulement le clivage entre les deux sexes, dans leur vie, mais le situe comme un fait irréfutable. Jusque là, ils l'ont connu, mais l'ont aussi dénié ou refoulé. Après la dernière métamorphose, la négation de la castration n'est plus possible comme avant. Mais la question, toujours importante, est de savoir, si l'existence irréfutable de la castration, dans leur vie, changera cette vie ? Pourront-ils se marier ou non ? A cette question, il n'y a pas de réponse sure.

Apparemment, Boris reste entre la négation et l'affirmation de la castration. Il sait que la possiblité du mariage va menacer sa vie homosexuelle. De plus, il ne peut pas échapper au désir de mort d'Athéna dans le mariage. Il sent la menace mortelle dans leur lutte, ainsi que le risque violent qui se manifeste par la perte de ses dents. Mais déjà, avant cette lutte, attendant la réponse d'Athéna, il prévoit sa propre chute : « Il était seul à table, dans la tiédeur confortable de cette pièce – comme au dernier acte de l'opéra de *Don Juan*... attendant l'arrivée du Commandeur, ajouta-t-il pour lui-même » (p. 162). Le Commandeur, qui est une figure paternelle dans l'opéra de Don Juan, va soumettre Don Juan à la loi, ici la loi du mariage. Et cette soumission est mortelle pour Don Juan qui, jusque-là, a résisté aux règles de la loi. Alors, la possibilité de la mort est aussi, dans sa demande en mariage, perçue par Boris, bien que, tout comme Don Juan, il trouve sa propre jouissance dans sa transgression de la loi. Pour Boris, cette transgression est perverse et causée par son homosexualité. Pour Athéna, on peut dire qu'elle se situe entre le refoulement et l'acceptation de la castration ou entre le refoulement et l'acceptation d'une telle loi.

Le non-savoir et le sublime

Après la dernière métamorphose, l'expérience d'Athéna et de Boris les sépare du reste du monde, parce qu'ils sont confrontés à l'existence de la castration au même moment. Ils ne peuvent pas communiquer leur expérience. La relation à leur castration a été mise en scène dans l'histoire, mais la castration en soi reste au-delà du langage : elle ne peut pas s'exprimer. La relation à la castration, c'est une relation à un non-savoir. Ainsi, le non-savoir de Boris et d'Athéna devient aussi le non-savoir du lecteur. Pour le lecteur, la question du mariage déjà reste une énigme, une question sans réponse, et en plus, leur relation au non-savoir reste inexplicable. S'approcher du non-savoir et de la castration n'est possible que dans le non-dit. La relation au non-savoir, c'est une relation dans laquelle les mots se perdent. Elle est donc non-lisible, et n'apparaît, peut-être, que dans la fiction.

Et dans la fiction, la castration n'est présente que dans son absence. Elle ne se « montre » que dans le silence de Boris et d'Athéna, dans leur absence de mots. La mise en scène du silence, du non-savoir, ou l'explication fictive du non-explicable manifeste pourtant l'expérience du sublime. Elle manifeste une telle expérience, dans la mesure où le sublime est une mise en scène de l'incompréhensible ou de l'au-delà du langage. L'expérience du sublime, chez Blixen, est créée par l'approche du non-savoir et de la castration qui sont en dehors du langage. La pensée du dehors, la pensée du non-savoir, ne se manifestent que par l'expérience du sublime. Mais on ne peut pas comprendre le sentiment du sublime, parce qu'il contient des idées qui sont impossibles à décrire. Donc, elles ne disent rien sur la réalité, et on peut ajouter qu'elles sont non-représentables. De plus, une relation au non-savoir apparaît dans l'écriture dangereuse, celle du singe ou de la lettre non-lisible. Nous allos y revenir.

D'abord, pour mieux comprendre l'esthétique dans le récit, il faut revenir à la dernière métamorphose. Après la métamorphose, le singe saute et se pose sur un buste du philosophe Kant qui est connu d'abord comme le philosophe de la morale. L'animal revient alors, du dehors et du domaine de la transgression, pour se situer dans le domaine moral et « normal ». Alors, la place sur la statue de Kant signale que le singe, et avec le singe aussi le récit, ont retrouvé une morale ordinaire. C'est en accord avec le conseil de la tante de Boris, au début du récit, puisqu'elle dit que le devoir est le chemin de la vie qui conduit au bonheur, mais la nécessité du singe dans la recherche de ce « bonheur », contredit l'énoncé de la prieure. Le devoir ne va pas sans le singe et la sorcellerie, lesquels constituent un démenti explicite à une telle morale. De plus, Kant est aussi un des plus grands philosophes du sublime.

Blixen et Poe

Dans la fiction, ce n'est pas la première fois qu'on voit un animal sur un buste. Déjà chez le poète américain E. A. Poe, il y un corbeau qui atterrit sur un buste, mais cette fois, c'est celui de Pallas qui est un des noms de la déesse grecque : Pallas Athéna, qui, comme Athéna dans le récit, est aussi une vierge. La présence d'Athéna dans les deux textes souligne l'impuissance masculine face aux femmes : la mélancolie chez Poe, et l'homosexualité chez Blixen.

Chez Poe, on voit ce corbeau dans le célèbre poème : « Le Corbeau ». Au poète, qui est en train de mourir de mélancolie, le corbeau répète sans cesse : « never – nevermore... » : « jamais – jamais plus... ». Les mots du corbeau renvoient à la mort proche du poète. Cet anéantissement va détruire le poète entièrement :

And my soul from out that shadow that lies floating on the floor
Shall be lifted – nevermore! (E. A. Poe, op. cit., p. 80) [2].

Après la fin de sa vie, il va rester dans l'ombre, effacé *totalement* du monde. Mort, il est sans existence pour le reste du monde : il n'aura ni la tombe ni la chance d'une vie au-delà de la mort, mais le plus terrifiant est que ce qui va arriver n'arrivera pas dans le poème. Le poème est figé avant l'effacement total du poète, l'effacement qui vient de commencer, mais qui s'arrête en même temps. Le sentiment du sublime provient de cette expérience terrifiante, du fait que ce qui arrive n'arrivera pas, mais se fige dans un état de paralysie. L'absence totale du poète, c'est-à-dire sa mort, proclamée dans le poème, amènera inéluctablement à sa mort. Chez Blixen, la mort n'est pas présente dans l'immédiat, ni pour Athéna, ni pour Boris ni pour la prieure. La mort n'apparaît là que dans son absence, c'est-à-dire dans la présence de la castration, qui est au-delà du langage, ou dans le désir mortel d'Athéna.

Mais il y a encore une ressemblance entre « Le Corbeau » et « Le Singe ». Jusqu'à sa mort, le poète chez Poe est condamné à une vie malheureuse de célibataire, puisque son amour pour Lenore est impossible. Poe écrit : « ... vainly I had sought to borrow / From my books surcease of sorrow ... » (*ibid*). Le singe est dans la même situation que le poète, parce qu'il recherche aussi dans les livres, dans les « ... pages jaunies d'in-folio centenaires... « (Blixen, *op. cit.*, p. 135), les stratégies, les contrats de mariages princiers ou les procès de sorcières. Le singe s'intéresse à des livres concernant la possibilité d'échapper à une vie de célibataire. La recherche du singe est semblable à celle du poète, puisque, comme le poète, le singe représentant le côté masculin recherche en vain une possibilité de faire un lien entre les deux sexes, et comme chez le poète, l'autre sexe, Lenore chez Poe et Athéna chez Blixen, refuse de participer à un tel lien. La carence du singe dans son rôle d'agent de la castration est évidente.

Regardons cette intertextualité. Il est clair que le singe, avant de commencer à faire le lien sexuel entre Boris et Athéna, est aussi condamné non pas à la mort, mais à la réussite ratée, ce qui cause sa propre destruction. N'ayant pas réussi à nouer le lien sexuel, il perd sa subjectivité : la métamorphose de la prieure en singe aura lieu. Il est condamné à une vie sans pouvoir, à l'impuissance, c'est-à-dire à une pure vie animale.

L'intertexualité entre Blixen et Poe a, encore une fois, montré comment la mort est présente dans son absence dans le texte de Blixen : elle est présente dans la confrontation momentanée au désir mortel d'Athéna et dans la destruction de la subjectivité du singe. Alors, le singe installé sur le buste de Kant se situe dans un « au dehors » en dedans du récit.

Le devoir et la beauté

La prieure souhaite sûrement que la figure de Kant représente la morale et le bonheur, c'est-à-dire la possibilité du mariage entre les deux jeunes gens. S'adressant à Boris, elle exprime son souhait ainsi :

De tous les chemins de la vie,
un seul conduit au bonheur ; il s'appelle le devoir.
(p. 141).

Ou, elle l'exprime de cette manière :

Droite est la ligne du devoir
Courbe celle de la beauté
Suis énergiquement la ligne droite
La ligne courbe [de la beauté] te suivra.
(p. 142-143).

La beauté est la ligne courbe, c'est-à-dire le corps féminin, in casu : celui d'Athéna, se soumettant à Boris s'il suit la ligne du devoir. Pourtant, le démenti de cette idée est évident. D'abord, suivant le conseil de la prieure, alias le singe, Boris n'écoute pas son devoir. Au contraire, il met en scène le viol qui est fondamentalement une transgression des règles du devoir. De plus, la fin du récit n'assurera ni le bonheur ni le mariage. Ainsi, devant la beauté, le devoir échoue.

Devant Athéna, Boris est frappé par une beauté qui a des « ...yeux d'aigle ou de jeune lionne... » (p. 157). Le soi-disant aspect divin chez Athéna, c'est-à-dire sa beauté et sa perfection, est souligné par son aura : « ...elle avait le teint si clair qu'à son entrée la salle parut s'illuminer... » (*ibid*). Ou « l'aspect divin » apparaît dans ses « ailes » : « ...son grand manteau gonflé par le vent jetait sur le gravier d'étranges ombres qu'on aurait cru celles de deux ailes déployées » (p. 159). Mais sa beauté est aussi une dernière limite avant la mort. Cette limite n'apparaît pas seulement dans ses 'yeux de lionne' et ses 'ailes' qui sont deux domaines de la mort, elle se montre aussi dans son corps phallique qui ne supporte pas l'approche d'un homme : sa réaction à l'approche masculine est son désir de mort : le désir que Boris meure.

De plus, la prieure, alias le singe, interprète son refus du mariage par ces mots : « Elle veut s'étendre comme une statue de marbre sur une pierre tombale, silencieuse pour l'éternité... Un tel fanatisme virginal... » (p. 165). Chez Blixen, le marbre est utilisé pour décrire la beauté et le soi-disant corps divin. Mais le refus d'inscrire l'acte phallique dans le réel, dans son corps, par la pénétration du pénis, conduit Athéna au marbre qui porte l'inscription d'une mort symbolique qui ne passe pas par la pourriture du vivant. Le marbre ressemble donc à son corps qui est figé comme le pénis en érection. Par conséquent, la beauté d'Athéna peut servir de 'statue de marbre sur une pierre tombale'.

Mais il y a une chose qu'Athéna n'a pas prévu, c'est qu'on peut écrire sur le marbre. L'écriture ou les mots sur le marbre tombal sont les marques du tombeau. Un bloc de marbre avec de tels mots qui s'appuient sur les signifiants n'est plus parfait, mais marqué par la mort symbolique. Il est une trace ou un signifiant de la mort et de l'incomplet, mais cette trace ne correspond pas à la divinité d'Athéna. Par conséquent, elle refuse aussi bien l'inscription dans son corps que la pénétration d'un pénis. Elle refuse l'inscription du signifiant sur son corps. Alors une écriture au-delà de la vie ne lui convient sûrement pas.

Dans ce contexte, il est frappant que, devant la beauté d'Athéna, Boris pense à son squelette : il se dit qu'elle : « ... lui plairait vraiment, oui, qu'il serait amoureux, s'il avait pu la voir sous l'aspect de ce beau squelette » (p. 175). La beauté en soi ne se soumet pas au devoir, parce qu'elle transgresse les règles du devoir ou de la loi, elle est un éclat qui renvoie au-delà du devoir. La beauté renvoie à la mort et au dehors. Elle renvoie aussi au sublime qui pourtant, comme Kant l'a remarqué, se trouve en dehors du domaine de la beauté. S'il est difficile de définir les limites de la beauté, il est encore plus difficile de définir celles du sublime, parce que le sentiment du sublime provient de la douleur dans la confrontation momentanée à l'au-delà, au non-savoir, à l'incompréhensible ou à la destruction totale (cf. Poe). Ces forces incontrôlables créent une tension extrême qui sépare le pathos du sublime de la beauté : tout comme la beauté renvoie au sublime, la beauté est aussi une dernière limite avant le dehors de la loi ou le non-savoir. Elle se situe entre le devoir et le sentiment du sublime, entre la loi et l'au-delà de la loi.

Pour conclure avec l'esthétique, nous pouvons dire que la beauté d'Athéna renvoie à l'au-delà de la loi, à la mort ou au désir de mort.

« Beauté parfaite, surhumaine, harmonie suprême, coïncidence miraculeuse autour de quoi tout tourbillonne vainement » (Anonyme : « Note sur la beauté », p. 339) [3]. Par cette référence, elle renvoie aussi au sentiment du sublime, mais la beauté d'Athéna a besoin de sa propre vie pour assurer son existence. Le sentiment du sublime créé par une lecture de Blixen, va plus loin, puisqu'il est déterminé, dans le récit, par une relation à l'au-delà de la loi et du langage. Le récit ne s'arrête pas devant la beauté d'Athéna, ni devant son refoulement de la castration et son refus de la sexualité. Au contraire, il situe la castration de la sexualité ou la mort comme un « au-dehors » en dedans de lui-même.

Histoire du manque

L'histoire est marquée par l'absence du singe. Il n'est pas là, mais pourtant il est toujours quelque part. Il est là en tant que manque. Déjà, le titre « Le Singe » marque l'absence par la présence du singe. Comme presque partout chez Blixen, l'élément le plus important, introduit dans le titre, n'est là que dans son absence. Bien que Boris, les vieilles vierges du couvent et le lecteur connaissent son existence, il ne se manifeste que dans les métamorphoses. De plus, l'absence du singe n'est pas seulement un manque dans l'histoire, mais est aussi le manque qui fait l'histoire. Le moteur de l'histoire, c'est le manque... du singe, et, comme l'intertextualité entre Poe et Blixen l'a souligné, le singe est condamné à la réussite ratée.

Pour mieux comprendre sa fonction comme agent de la castration, il faut encore regarder la relation entre le singe et l'écriture. Le singe s'amuse en :

> ... arrachant pour disperser sur le marbre, quadrillé de noir et de blanc, des pages jaunies d'in-folio centenaires traitant de stratégie, de contrats de mariages princiers ou de procès de sorcières. (p. 135).

Les pages jaunies sont couvertes d'une écriture qui est dangereuse, puisqu'elle soumet les sujets aux propres lois de ces pages. Elle va ainsi soumettre Boris et Athéna à la castration qui représente un danger pour tous les deux comme nous l'avons vu. Cette écriture comprend l'écriture de la lettre non-lisible que la prieure reçoit au début du récit. C'est pour cette raison que l'écriture de cette lettre est dangereuse.

Pour connaître une telle écriture, on peut encore regarder le rôle que le marbre joue chez Blixen. Le singe a pris la place de Cupidon dans la figure de marbre représentant Vénus. Mais la soi-disant divine Athéna elle aussi est apparemment faite d'un tel marbre. La prieure a décrit la frigide Athéna comme une statue de marbre, mais, dans une telle statue, Athéna va disparaître : il n'y restera que l'écriture de la tombe. Le marbre et le corps sont des surfaces où on peut écrire, mais il n'y a pas de personnage fait en marbre, seulement des sujets personnages d'un corps. L'écriture de la letttre non-lisible devient l'écriture de la castration. La perte de la virginité est une autre écriture sur le corps. La mort en est une troisième.

Si on revient à la soi-disant magie du signe, la stratégie sera la stratégie du mariage élaborée par la prieure. Le procès des sorcières est tout ce qui reste jusqu'à la fin : le viol et les métamorphoses. Au début, l'histoire souligne la fascination de la prieure et du singe pour les jeux. La prieure adore la table de jeu, et le singe arrache '... sur le marbre, quadrillé de noir et de blanc, des pages jaunies...' (cf. Poe). Ce marbre noir et blanc, c'est un échiquier.

Au début, il y a une distance entre le singe et le jeu, mais très vite le singe fait partie du jeu. Il fait partie des cases noires, tout comme le plan de la prieure. Athéna connaît le jeu d'échecs : la prieure dit : « ...elle a entendu mes dames discuter les brillantes parties... » (p. 95), mais malgré sa connaissance du jeu, elle y est soumise. Quand Boris veut entrer dans la chambre d'Athéna, il traverse un parquet quadrillé en noir et blanc : l'échiquier. Tous deux sont des pièces dans un jeu plus grand qu'eux-mêmes.

La relation entre le manque, c'est-à-dire le singe, et les lettres écrites sur les pages est un jeu d'échecs. Le manque constitue la partie non-lisible et non-visible dans le visible, par exemple dans les lettres écrites et lisibles sur les pages du récit. L'échiquier est fait de cases noires et blanches, et les lettres du singe sont les cases noires et non-lisibles. Les lettres secrètes ont la place noire dans l'échiquier, et les autres lettres se dissolvent à la place blanche dans le lisible.

Je ne pense pas seulement aux lettres écrites sur les pages de la nouvelle, mais aussi aux lettres qui s'échangent dans l'histoire. Je pense à la lettre que la prieure renvoie avec Boris au père d'Athéna ou à la lettre que Boris reçoit l'informent du refus d'Athéna. Bien que le lecteur ne puisse pas savoir ce qui est écrit dans toutes ces lettres, les lettres officielles relient les différentes parties de l'histoire. Elles servent de charnières entre les différentes parties de la nouvelle, mais ces lettres du singe sont invisibles, leur écriture est non-lisible. Cette écriture est la signification du manque, elle essaie de structurer l'avenir de Boris et d'Athéna, et elle essaie de créer la castration. Le narrateur est forcé de raconter son histoire par et à partir de cette écriture non-lisible.

Au début, Blixen a mis en scène le jeu entre les lettres lisibles et non-lisibles, entre les lettres écrites sur ces pages et les significations de la castration, mais tout de suite, le jeu se déroule par lui-même. En tant qu'auteur, elle se croit peut-être semblable à Boris qui joue avec les marionnettes. Mais tout comme lui, elle est soumise à un jeu plus grand qu'elle-même. Elle devient une marionnette dans son propre jeu, dans sa propre histoire, puisqu'il y a quelque chose qu'elle ne sait pas écrire. « Nul ne sait écrire. Chacun, le plus grand surtout, écrit pour attraper par et dans le texte quelque chose qu'il ne sait pas écrire. Qui ne se laissera pas écrire » (Jean François Lyotard : *Lectures d'enfance*) [4]. Ce qui ne se laissera pas écrire dans le texte de Blixen est la castration (qui est impossible à situer), la mort et l'écriture secrète de la lettre non-lisible. L'impossibilité de raconter une histoire cohérente sur la relation entre les sexes, sur la configuration entre le noir et le blanc, sur la lutte entre l'écriture secrète et l'écriture des pages, sur le manque, sur la mort et sur la castration constitue le thème même du récit. Que Blixen ait eu connaissance de cette impossibilité, cela se manifeste dans la réplique d'un de ses personnages fictifs, Pipistrello :

Certes, c'est un bonheur que de pouvoir transformer en histoires tous les événements d'une vie. C'est peut-être l'unique bonheur absolu qu'un être humain puisse trouver en ce bas monde. Mais d'une façon inexplicable, aux yeux du profane, cela constitue aussi une perte, et presque une malédiction. (*Seconde rencontre*, p. 90) [5].

(Eté 92)

Notes
1. In : Karen Blixen, *Sept Contes gothiques*, Stock, 1980.
2. In : Edgar Allen Poe, *Selected Writings*, Penguin, 1978.
3. Anonyme, « Note sur la beauté », in : *Scilicet*, n° 6/7, Seuil, 1976.
4. Jean François Lyotard, *Lectures d'enfance*, Galilée, 1992.
5. In : Karen Blixen, *Les Chevaux fantômes et autres contes*, Gallimard, 1978.

Merete Stistrup Jensen
Figures de l'infini. Enonciation spéculaire dans Tempêtes *de Karen Blixen*

Que la condition de toute histoire soit sa fin semble être une vérité suspendue dans certains récits de Karen Blixen, notamment dans *Tempêtes*. A l'aide de quelques repères théoriques comme la polyphonie, la mise en abyme, l'intertextualité, le récit enchâssé et d'autres formes d'énonciation [1] plus spécifiques, nous verrons comment le noyau de ce texte est une absence, qui fait naître une énonciation spéculaire. Cerner cette absence serait donc essayer de restituer les endroits dans le texte où les limites entre la vie et la mort, entre la finitude et l'infinitude – et comme le texte le dit explicitement, entre l'art et la vie – se côtoient, se croisent, s'entrelacent, pour finalement diverger. *Tempêtes* est un texte qui, tout en se penchant sur le vide (cf. les mises en abyme successives) appelle un plein ; et ce plein se situe du côté de l'art. C'est un art spéculaire, un art de l'infini. Cependant, il ne s'agit pas de l'art pour l'art à l'état pur, et c'est ce qui rend le texte intéressant et complexe.

Karen Blixen a toujours pratiqué le récit enchâssé, une forme d'énonciation où l'acte de raconter n'est jamais un acte transparent ; au contraire c'est lui qui fait avancer l'histoire. Ainsi l'apparition d'un nouveau personnage entraîne l'interruption de l'histoire précédente pour qu'une nouvelle histoire nous soit racontée. Donc, le modèle simple du récit enchâssé consiste dans le fait que chaque nouveau personnage entraîne une nouvelle histoire. A titre d'exemple, on peut penser à *Syndfloden over Norderney* (« Le Raz-de-marée de Norderney » dans *Sept Contes Gothiques*).

Ce procédé peut provoquer une sorte de vertige, dans la mesure où l'histoire enchâssante semble ne pas pouvoir être explicitée jusqu'au bout, mais aurait besoin d'être reprise dans une histoire enchâssée, qui à son tour deviendrait histoire enchâssante d'une troisième histoire enchâssée. C'est, d'une certaine manière, analogue au paradoxe que contient la notion de l'énonciation en elle-même ; si je parle de celle-ci, ce n'est plus elle qui apparaît, mais son énoncé, qui a sa propre énonciation, et ainsi de suite.

Si une histoire peut appeler une autre histoire, un personnage peut également appeler un autre personnage. Comme si l'on ne pouvait vraiment en finir avec un personnage qu'en reprenant un de ses traits sous la forme d'un autre personnage, à savoir, agrandir un petit trait ailleurs pour mieux le voir. C'est ainsi que Karen Blixen aurait dit à quelqu'un qui semblait ne pas saisir très bien « Le Raz-de-Marée de Norderney » : « Vous avez probablement compris que le cardinal et Kaspersen sont une même personne » [2].

Lorsqu'un récit enchâssé ressemble au récit qui l'enchâsse, et donc la partie au tout (comme une synecdoque), on a affaire à ce qu'on appelle le récit en abyme [3], c'est-à-dire que la petite histoire intercalée reflète la grande histoire. Il peut s'agir, par exemple, d'un rêve situé au milieu d'un texte, et qui reflète le texte globalement, ou bien d'une scène de marionnettes qui comme une sorte d'œuvre dans l'œuvre offre une petite clef pour ouvrir la grande histoire (cf. *Vejene omkring Pisa* / *Sur la route de Pise* dans *Sept contes Gothiques*). Ainsi Shakespeare se serait servi, dans trente-trois de ses trente-six pièces (excepté *Macbeth* et *Roméo et Juliette*) d'une double action qui traverse le drame, et qui le reflète en petit et dont l'exemple le plus célèbre est la « pièce dans la pièce » de *Hamlet*.

On peut faire la distinction entre trois formes de mises en abyme élémentaires :

1) La réflexion simple, déjà mentionnée par la notion de l'œuvre dans l'œuvre.

2) La réflexion à l'infini, c'est-à-dire une mise en abyme répétée. A ce propos on invoque souvent les poupées gigognes qui s'engendrent l'une l'autre, les pyramides mexicaines qui s'emboîtent et se coiffent, les affiches, couvercles et étiquettes dont les motifs se reproduisent à l'infini.

3) La réflexion paradoxale, c'est-à-dire un récit contenant une logique insoupçonnée, comme la vis sans fin ou le cercle vicieux, où le fragment est censé inclure l'œuvre qui l'inclut.

Exprimé de façon plus simple on peut dire que le premier type correspond au récit *dans* le récit, le deuxième type au récit *du* récit, et le troisième type au récit *du* récit *du* récit.

A lire *Tempêtes*, on est frappé par les récits enchâssés, notamment ceux qui sont en abyme, l'intertextualité [4], dont la référence la plus explicite est celle à Shakespeare, les diverses formes d'énonciation, les usages de différents genres – et la polyphonie des voix. La polyphonie [5] désigne la présence de voix différentes à travers une même énonciation. C'est une sorte d'altérité qui s'introduit dans le discours, venant par exemple d'une autre langue (M. Sørensen utilise un ou deux mots français dans une phrase en danois, ou le narrateur décrit M. Sørensen à l'aide d'une expression en latin), d'un autre registre ou type de discours (citations implicites ou plus ou moins explicites). Cette altérité donne l'impression de voix mêlées, qui par moments seront indissociables, non identifiables. Tous ces éléments font de *Tempêtes* un texte assez vertigineux. Couche sur couche sur couche, le texte construit son univers qui est celui de l'art, puis celui de la vie – et l'art de distinguer entre les deux.

Malli, le personnage principal, va jouer Ariel dans la pièce intitulée *La Tempête* de Shakespeare. Ariel, doué de pouvoirs magiques, possède entre autres la qualité de l'ubiquité de la pensée. Cet esprit aérien est l'image même de l'art, dans la mesure où tout ce qui est imaginable lui semble possible à réaliser ; il ne se heurte pas à ces limites terrestres qui sont propres à la vie humaine. Malli s'identifie à son rôle, au point de le jouer également dans la réalité et de créer un personnage composé : Malli-Ariel. C'est lors d'un voyage en bateau que Malli-Ariel mesure ses forces. Le navire, dans la nuit de la tempête, a failli sombrer, mais grâce au courage extraordinaire que Malli-Ariel réussit à susciter par ses paroles chez les marins, le navire est sauvé. Ensuite Malli est proclamée héroïne dans la petite ville norvégienne. Elle est provisoirement installée chez le riche armateur de la ville, propriétaire du navire en question, et une histoire de fiançailles commence entre son fils, Arndt, et elle.

Arndt, de son côté, est un homme éblouissant, doué de toutes sortes de qualités, comme le prince Ferdinand dans la pièce de Shakespeare.

Cependant, il a un passé, comme on dit, le tragique a frôlé sa vie sous la forme d'une jeune fille, Guro, qui s'est suicidée à la suite d'une liaison amoureuse avec lui. Depuis, il se sent coupable, incapable d'engager des liens amoureux.

Sur ce fond, Malli apparaît à Arndt comme un ange sauveur. Après une vision nocturne, il pense qu'« elle possède le pouvoir de réveiller les morts » (tr. fr., p. 124). Malli, sous le charme des événements, s'imagine que le rêve de sa vie va s'accomplir ; elle pourra jouer le rôle de Juliette, Arndt sera son Roméo – dans la réalité. Agenouillée devant Arndt, son rêve se poursuit encore plus loin, lorsqu'elle lui déclare : « Je suis la résurrection et la vie. Celui qui croit en moi vivra quand même il serait mort. Celui qui vit et croit en moi ne mourra jamais, mais il a la vie éternelle » (tr. fr., p. 126). Enoncé peu ordinaire entre amoureux, même dans la littérature, et dont l'énonciation par la bouche de Malli confère à celle-ci un statut quasi divin. Ce sont les paroles du Christ ; elles indiquent que Malli ne se considère plus comme un être commun.

Cependant, un événement arrive qui l'arrache à son illusion d'être surhumain. Elle réalise son erreur, celle d'avoir confondu la vie et l'art. Le pivot qui fait basculer l'histoire, c'est la mort de Ferdinand. Le jeune marin, qui, sur le navire, était particulièrement enflammé par les paroles de Malli, meurt à la suite de « graves lésions internes » (tr. fr., p. 127), survenues lors de la tempête. Le mot « interne » est ambigu et suggère que, plus que de blessures physiques, il a été victime des suites d'un amour malheureux. Dans la pièce de Shakespeare, Ferdinand, prince et marin à la fois, aura bien sa Miranda. Dans *Tempêtes* de Blixen, Ferdinand, dont le nom propre relève de la pièce de Shakespeare, et qui par son énonciation même ici sous-entend qu'il est un amoureux virtuel de Malli, n'aura pas sa bien-aimée.

Chez Blixen il s'est produit un clivage en deux personnages masculins amoureux ; Arndt : le « prince » (l'idéal, l'esprit) et Ferdinand : le marin (la chair). Pourquoi ce clivage ? D'une part il entre dans la logique spéculaire du texte, d'autre part il présente un intérêt pour le dénouement de l'histoire, dans la mesure où la mort de Ferdinand sert à ouvrir les yeux de Malli. Non seulement elle est incapable de le ressusciter, mais cette mort introduit aussi dans sa vie apparemment innocente un germe de culpabilité. A propos de son innocence, il est à noter que le terme « Jomfru », qui désigne Malli dans le texte danois, comme substantif et ancien terme d'adresse, souligne le fait qu'elle est demoiselle, et également vierge – aspect double que la traduction française ne rend pas en se servant des expressions comme « jeune fille » ou « Mademoiselle Ross ». La culpabilité serait liée au fait qu'elle s'est jouée de Ferdinand, éveillant en lui un amour sans retour. L'explication paraît plausible, car Karen Blixen est une conteuse qui utilise délibérément l'ellipse dans ses récits. Malli serait, de ce point de vue, parvenue au même stade que Arndt, lui aussi coupable d'avoir joué avec l'amour et la vie de Guro, et également d'avoir provoqué sa mort. L'histoire de Arndt et Guro peut, d'une certaine manière, être lue comme une mise en abyme de l'histoire de Malli et Ferdinand.

A la différence du couple Miranda-Ferdinand, innocent dès le début et qui le reste chez Shakespeare, le couple Malli-Arndt perd son innocence. La question que pose le texte à ce moment de la narration semble être : Qu'est-ce qui empêcherait l'union entre Malli et Arndt, puisqu'apparemment ils sont égaux, arrivés au même point ? La réponse est contenue en partie dans l'énonciation. Au moment où Malli rêve le plus intensément d'être la femme d'Arndt, elle cite *Roméo et Juliette* de Shakespeare : « Ainsi vous allez partager tout ce qu'il possède. Sans diminuer vous-même en rien » (tr. fr., p. 123). La dernière partie de la phrase n'est d'ailleurs pas sans sel lorsqu'on pense à la critique habituelle du mariage de Karen Blixen. Par cette énonciation, à savoir la citation, Malli s'assimile à Juliette. Mais Roméo et Juliette, justement, ne s'unissent finalement que dans la mort. C'est le point essentiel du drame shakespearien. D'une certaine manière on peut lire les derniers mots de Malli, dans sa lettre d'adieu à Arndt, comme une réplique à *Roméo et Juliette*, lorsqu'elle écrit : « Sur cette terre, j'étais infidèle et j'ai été rejetée, mais je te reste fidèle dans la mort, la résurrection et pour l'éternité » (tr. fr., p. 161). Ainsi Malli, pour sa part, semble préférer, à un mariage glorieux mais à l'échelle humaine, une vie qui s'élève au drame, et que son discours érige en passion. Finalement elle reste fidèle à l'art.

Un autre élément semble appuyer cette interprétation : l'identité sexuelle de Malli. Chez Shakespeare il n'est question qu'une seule fois de l'identité sexuelle de Miranda. Quand Ferdinand l'aperçoit pour la première fois, il trouve sa beauté divine, angélique et lui pose la question :

> ô merveille que vous êtes,
> Si vous êtes ou non jeune fille ?

Miranda lui répond :

> Merveille, non, monsieur,
> Mais fille assurément.
> (Acte I, scène 2, tr. fr., p. 85) (6)

On remarque la modalité de l'énonciation : « (fille) assurément » qui relève l'incertitude sexuelle de la question précédente. Ariel, de son côté, est toujours masculin chez Shakespeare.

Chez Blixen, tout cela est beaucoup moins clair. Le directeur de théâtre, M. Sørensen, ébloui par l'idée de laisser Malli jouer Ariel, oublie dans son enthousiasme la question du sexe. C'est le narrateur qui nous la rappelle en ajoutant que l'idée géniale de M. Sørensen était précisément de faire jouer un Ariel masculin par une Malli féminine. A ce propos il convient de faire allusion à *Den Udødelige Historie* (« L'histoire éternelle » dans *Anecdotes sur la destinée*), où c'est une courtisane qui va jouer la vierge. Une idée frappante chez Blixen de laisser deux oppositions s'éclairer mutuellement, et que l'on trouve poussée à l'extrême dans la phrase paradoxale : « La vie et la mort sont deux écrins fermés à clef ; chacun d'eux contient la clef de l'autre » (*En opbyggelig historie* / « Une histoire consolante » dans *Contes d'hiver*, p. 396). Cependant, si M. Sørensen oublie la question du sexe, cela est dû au physique de Malli ; elle est grande, presque asexuée, jeune et pas encore femme. Plus tard, il remarquera son aspect de femme, survenu comme un soudain changement après les fiançailles avec Arndt.

A plusieurs reprises, le narrateur souligne l'identité sexuelle ambiguë de Malli, soit asexuée, soit bisexuée :

> Dans son enfance, Malli était grande pour son âge, mais elle ne prit que lentement une allure féminine. A seize ans, lors de sa première communion, elle avait encore l'air d'un jeune garçon efflanqué. Puis, brusquement, elle devint belle. (tr. fr., p. 89)

Egalement :

> On reçut la barque avec l'enthousiasme qu'une nation de navigateurs accorde à des héros. Tous les yeux cherchaient la jeune fille qui avait sauvé la Sophie-Hosewinckel, et l'imagination de la foule en faisait un ange. Mais nul ne la découvrait tout de suite, car elle avait échangé ses vêtements mouillés contre un chandail, un pantalon et des bottes de marin, et, dans cet accoutrement trop grand pour elle, elle ressemblait à un mousse. (tr. fr., p. 101).

Aussi le personnage de Malli apparaît-il, avec son léger aspect androgyne, sinon comme un artefact (Ariel), du moins comme quelqu'un qui n'assume pas une identité sexuelle bien définie, ce qui dans la vie peut être fatal, mais dans l'art plutôt fertile.

De la même manière Arndt représente un homme plus marqué par l'idéal que la réalité, ayant plus d'esprit que de chair. La grande inquiétude de ses parents est qu'il ne songe pas à fonder une famille et à leur donner ainsi des héritiers. Le couple Malli-Arndt paraît donc plutôt porté vers l'idéal de l'art, et à un moindre degré doué pour la vie.

Par ailleurs, l'histoire des fiançailles entre Arndt et Malli a quelque chose d'irréel, dans la mesure où elle n'est pas issue d'un désir primordial en eux. L'idée surgit autour d'eux, rôde d'abord dans les milieux populaires, se fraye ensuite une voie dans les demeures de la haute société, où les allusions à Cendrillon ne sont pas sans faire surgir un certain attendrissement, pour finalement, après un court passage chez les serviteurs du rez-de-chaussée de la maison de l'armateur, arriver au premier étage où les vrais acteurs de l'affaire résident. Le mouvement illustre parfaitement l'idée que Arndt et Malli se trouvent embarqués dans une histoire de fiançailles un peu comme des comédiens jouant dans une pièce de théâtre écrite par d'autres personnes. Ainsi leur fiançailles semblent-elles relever d'une œuvre d'art.

A la fin du récit, Malli est arrivée à ne plus confondre l'art et la vie. Dans une lettre d'adieu à Arndt, elle lui explique que, si plus tard elle rencontre une tempête comme dans le Kvasefjord, elle saura cette fois nettement qu'il ne s'agit pas d'une pièce de théâtre, mais de la mort.

De façon analogue, on pourrait dire qu'à la fin du récit, elle parvient également à faire le choix de son identité sexuelle. Cherchez la femme, dit-on souvent. Chez Blixen, il faudrait dire : Cherchez l'homme. Le choix de Malli s'avère n'être ni Ferdinand, ni Arndt, mais un tiers, à savoir le père. Etre la fille du père. Elle va suivre M. Sørensen, père spirituel, qui utilise précisément à propos de Malli l'expression « Ma fille » [7]. En suivant M. Sørensen, elle va partir en trahissant Arndt, comme son père était parti, en trahissant sa mère à elle, et comme M. Sørensen, apprend-on vers la fin du texte, était parti en trahissant sa femme. Trois mises en abyme successives qui mettent en scène un départ.

On peut compléter la série par une quatrième mise en abyme d'ordre virtuel, puisqu'elle exprime une crainte, mais non un fait réalisé. Arndt doit se rendre à Stavanger pour des affaires, et Malli traduit ses inquiétudes devant son départ dans les termes suivants : « Mon Dieu! pensait-elle, pourvu qu'il n'ait pas le même sort que mon père! Pourvu qu'il revienne! » (tr. fr., p. 126).

Le père de Malli qui était marin, capitaine, est parti avant sa naissance, et probablement a-t-il trouvé la mort lors d'un naufrage – autre mise en abyme liée aux deux naufrages déjà mentionnés, celui de *La Tempête* shakespearienne et celui (manqué) de *Tempêtes* chez Blixen. On se trouve donc en face d'une mise en abyme à l'infini : départ sur départ sur départ, et l'origine de tous ces départs, du point de vue de Malli, s'avère être le départ le plus fatal, puisqu'il entraîne l'absence totale, la mort de son père. Peut-être est-ce cette absence de père réel, ces marques initiales défaillantes, qui produisent des clivages successifs du côté des portraits d'hommes : Arndt (esprit), Ferdinand (chair) et M. Sørensen (art). Shakespeare raconte surtout l'histoire de Prospero, père présent à sa fille et finalement aussi à son peuple ; alors que Blixen raconte l'histoire de la fille du père – absent.

Toutes ces mises en abyme, évoquées plus haut, reflètent le texte dans son ensemble, suggérant ainsi que le noyau du récit est une absence. Absence *à* l'origine qui peut s'interpréter aussi comme absence *d*'origine, quête de quelque chose qui se dérobe sans cesse, parce que là où on pourrait trouver une origine, un lieu fixe, il n'y a qu'absence. Chercher l'origine, c'est aussi chercher son identité. Or, pour Malli, il y a une mère bien réelle, et un père absent, presque fictif, puisqu'elle ne connaît sa vie que par les récits qu'on lui en a transmis. De plus, ce sont des récits qui, selon les mauvaises langues, trahissent l'aspect obscur de son origine, car son père y est prétendu aventurier, homme volage ayant abandonné d'autres femmes que la mère de Malli.

Dans *La Tempête* de Shakespeare le nom « Mall » est mentionné à une seule occasion. C'est dans une chanson où un marin évoque certaines femmes qu'il a aimées : « Loved Mall, Meg, and Marian and Margery » (Acte II, scène 2, p. 19 ; « Aimions Marie, Margot, Marianne et Madeleine », tr. fr., p. 115). L'énonciation sérielle suggère qu'il les a abandonnées successivement. La logique de ce passage repris chez Blixen, à la fois sous forme du père volage et sous forme de l'usage du prénom de Malli, serait donc qu'en abandonnant sa femme, le père de Malli abandonne aussi sa petite fille. Il est intéressant de comparer ce passage à celui de *Tempêtes* de Blixen, où il est question de l'origine du nom de Malli :

> Mme Ross avait fait baptiser sa fille du nom de Malli, parce que son mari lui chantait une *chanson* [Souligné par nous] où il était question d'une jeune Ecossaise de ce nom. Cette Malli était parfaite en tout.
>
> Mais elle disait à ses clients, qui regardaient la petite, couchée dans son berceau, dans la boutique, que Malli était un nom en usage dans la famille de son mari ; la mère d'Alexandre Ross s'appelait elle-même Malli, et la jeune femme finit par croire ce qu'elle racontait aux autres. (tr. fr., p. 87)

La « chanson », trace du passage shakespearien, appuie notre interprétation, mais ce qui frappe surtout dans cet extrait, c'est qu'il y a du camouflage, que la mère de Malli a dissimulé la vraie origine du nom de Malli. Donc l'origine de Malli est ternie et ébréchée comme ce miroir devant lequel, au début du texte, M. Sørensen met son masque (tr. fr. p. 79).

Toute jeune, Malli trouve la clef de sa vie par le récit, au moment où elle apprend la langue de son père, l'anglais. Elle lit les œuvres de Shakespeare, et par ce biais elle arrive à identifier son père à un héros shakespearien (tr. fr. p. 89). Par ailleurs, cette idée de chercher la clef de la vie dans le récit se trouve répétée avec toutes les figures paternelles. Son futur beau-père lui raconte l'histoire d'un aïeul, Jens Aabel, qui cherchait conseil pour sa vie en ouvrant la Bible à un endroit au hasard pour ensuite se laisser guider par les mots. Malli procède de la même manière lorsqu'elle a besoin de prendre sa décision vis-à-vis d'Arndt. Et M. Sørensen, autre figure paternelle, donne des conseils à Malli par l'énonciation même de répliques de Shakespeare.

Pour revenir au point de départ de cette analyse, à l'idée d'une énonciation spéculaire, j'essayerai maintenant de nouer les fils. D'abord, je voudrais évoquer les récits enchâssés. Le récit concernant Malli paraît le plus important, bien que le texte ouvre sur un autre récit, celui de M. Sørensen. Ensuite, il y a dans le texte le récit de la mère de Malli, ceux d'Arndt et de ses parents, celui de Ferdinand et enfin le récit de Jens Aabel, qui, de plus, est un récit dans un récit du récit – pour ne mentionner que les récits auxquels l'auteur a consacré un chapitre entier. Il y a donc un éventail de récits qui s'éclairent réciproquement. D'autre part, il y a toutes les références intertextuelles, dont la plus importante est *La Tempête* de Shakespeare.

Enfin, il y a les diverses formes d'énonciation, plus précisément le cadre changeant de l'énonciation. La forme prédominante est le récit. Cependant, à l'intérieur du récit nous avons des passages de dialogues de théâtre, des fragments de poésie, un article de journal, une lettre. Par ailleurs, il y a les réflexions de M. Sørensen sur l'énonciation en vers, notamment en ïambes, qui lui paraît l'expression la plus adéquate aux pensées sublimes. Sont à retenir également ses énonciations en français, mots français insérés dans une phrase en danois, qui signalent la maîtrise de celui qui « a de l'esprit » ou qui est « connaisseur ». A titre d'exemple, on pourrait citer : [8] « Oh hvilke højst charmante chandeliers, – og magnifikke malede Tapeter! » (p. 109).

A propos de M. Sørensen, le narrateur se sert d'une énonciation en latin pour le décrire : « Domine, non sum dignus », [9] indice de son érudition – et de celle du narrateur. Il s'agit dans tous les cas de citations d'autorité, qui renforcent la validité du dire. Elles ne surviennent, dans le récit entier, que liées au personnage de M. Sørensen, soulignant ainsi sa figure de PERE à l'extrême.

Toutes ces diverses formes d'énonciation, évoquées plus haut, signalent d'abord que nous sommes dans le monde de l'art, que le monde est une grande scène où les personnages racontent des histoires, jouent du théâtre, récitent de la poésie. Cependant, il y a deux exceptions qui s'écartent de cette vision globale. La première est le récit de la tempête dans le Kvasefjord, présenté comme un article de journal. Cette forme d'énonciation indique justement le statut réel de l'événement, il ne s'agit pas d'une fiction, mais de quelque chose qui a bien eu lieu dans la réalité. Dans cette perspective le réel est le signifié de connotation de l'énonciation journalistique.

La deuxième exception est la lettre de Malli à Arndt [10]. C'est Malli et non le narrateur omniscient qui aura le dernier mot à dire dans le texte. Et Malli se prononce dans la forme d'une lettre. Cette forme d'énonciation signale aussi, dans son ensemble, qu'ici nous sommes face au réel. Bien qu'une lettre puisse être jugée comme une œuvre d'art, il existe traditionnellement une attitude répandue qui souligne les qualités « authentiques » d'une lettre, une conception qui lui confère un statut biographique, donc de réel vécu, plutôt qu'un statut de fiction. En tant que lecteur nous lisons cette lettre à la place d'Arndt, et la présence de Malli, ses aveux intimes, sont vécus d'autant plus fortement que nous la savons écrite, cette lettre, sur un fond d'absence. C'est le paradoxe de la lettre, la dimension double de son énonciation, à savoir que la lettre offre la présence imaginaire d'une personne singulière, mais cette présence recouvre, en fait, son absence réelle.

A côté du cadre changeant de l'énonciation du texte dans son ensemble, on pourrait caractériser l'énonciation propre de Malli. A travers le personnage de Malli, nous entendons plusieurs voix résonner, celles d'Ariel, de Miranda, du Christ, de Juliette, de Jeanne d'Arc, de Cendrillon et du prophète Esaïe – mais aussi (parmi les personnages plus « proches ») celle de son père. Quand, à la fin, elle écrit à Arndt : « Et je pense aussi que lorsque le bruit des vagues dominera les battements de mon cœur, je serais heureuse de pouvoir dire... » (tr. fr., p. 161). C'est une légère périphrase des paroles de son père adressées à sa mère : « Arrête-toi, mouvement des vagues! Arrêtez-vous, battements du cœur! » (tr. fr., p. 86).

Pour conclure, je voudrais évoquer *La Tempête* de Shakespeare, LA grande référence de Blixen. D'abord, chez Shakespeare, le titre est défini, il n'y a qu'une seule tempête. Chez Blixen le titre est au pluriel, il y a forcément deux tempêtes (au moins), puisqu'il y a celle de Shakespeare, puis la sienne. Mais chez Blixen le titre n'est pas seulement au pluriel, il est aussi à l'indéfini. Comme le texte lui-même qui, à la fin, après une suite de mises en abyme ouvre sur l'infini, notamment le départ de Malli vers une vie d'artiste : « Nous [M. Sørensen et Malli] sommes ses enfants [de Shakespeare], et ainsi nous partageons son immortalité » (p. 92, passage omis dans la tr. fr.).

L'histoire de Blixen est axée sur Malli-Ariel, alors que la pièce de Shakespeare est axée sur Prospero. Prospero est un ancien duc, qui pendant longtemps a préféré ses livres magiques et ses arts secrets à son pouvoir réel. A la fin de la pièce, Prospero dit dans l'épilogue [11] :

Ma magie maintenant est toute consommée.
Et la force que j'ai ne vient que de moi seul
(...) Ne me faites pas,
Puisque j'ai désormais recouvré mon duché
Et pardonné au trompeur, demeurer
Dans ce stérile îlot par votre sortilège ;
Mais relâchez-moi de mes liens
Par le secours de vos mains charitables.
(...) Que votre indulgence ici me libère.
(tr. fr., p. 187-189).

Sachant que c'est la dernière pièce de Shakespeare, ces mots résonnent doublement. Prospero abandonne donc son art, envisagé comme une île (un exil) par rapport au continent, comme un moyen et non pas un but en soi, pour retrouver sa vraie vocation humaine, être duc de Milan. Il retourne à la réalité qui prend ici l'allure de la liberté. Il y a dans *La Tempête* une citation très connue : [12]

> Nous sommes de l'étoffe
> Dont les rêves sont faits, et notre petite vie
> est close d'un sommeil.
> (Acte IV, scène 1).

C'est la perspective de la mort comme limite, douce mais incontournable, la vie vue sous la lumière du « Vanitas ». Il est étonnant que Blixen ne se soit pas servie dans son récit de cette citation si célèbre. Mais on comprend cette omission, sans doute délibérée de sa part, parce qu'au fond cette citation ne correspond pas à l'horizon infini sur lequel ouvre le texte de Blixen. Dans *Tempêtes*, l'art (immortel) et non la mort aura le dernier mot. La voix persiste, cette voix précieuse que perdent successivement M. Sørensen et Malli lors de leurs crises respectives, elle est retrouvée à la fin.

Cependant, Blixen n'ignore pas la problématique shakespearienne. Que la vie ne soit que vanité, que l'art ne soit qu'illusion et que l'artiste puisse nourrir le désir d'être libéré de son joug magique, ne sont pas une idée étrangère à son œuvre. Dans *Drømmerne* (« Les Rêveurs », *Sept Contes Gothiques*), Pellegrina Léoni (le « lion », inscrit dans son nom, l'est aussi dans les descriptions de Malli) est cette cantatrice célèbre qui perd la voix lors d'un incendie. En la perdant, elle renonce à une vie glorieuse mais contraignante de vedette, pour retrouver une liberté sur le plan humain, la vie de toutes les femmes.

(Mai 92)

Notes

1. Il est difficile de définir *l'énonciation* en peu de mots. Une définition minimale distinguerait l'énoncé de l'énonciation comme le dit du dire – le dire compris uniquement comme actualisation d'un énoncé (Ducrot). A titre d'exemple, une citation serait alors une actualisation d'un énoncé. Une définition maximale identifierait l'énonciation à la subjectivité dans le langage (Benveniste). Ce qu'on pourrait appeler les « plans d'énonciation » relève, entre autres, du fait qu'un énoncé comme « il court » présuppose logiquement un locuteur qui dit l'énoncé « Je dis qu'il court » ; en discours rapporté on ajouterait encore un sujet (d'énonciation) « Je dis qu'elle dit qu'il court » et ainsi de suite (y compris l'allocutaire et la situation d'énonciation). Enfin, l'énonciation est liée à ce domaine dans le langage qui signale / indique / montre une forme (ceci est une préposition / une question / un article de journal, etc...), alors que l'énoncé signifie le contenu proprement dit.
2. Aage Henriksen, *Det guddommelige barn og andre essays om Karen Blixen*. København, Gyldendal 1970 (p. 99, traduit par nous).
3. Terme inventé par André Gide en 1893 (Journal 1889-1839. Paris, Gallimard « Pléiade » 1948, p. 41). Pour ce qui suit sur le récit en abyme, je me réfère à Lucien Dällenbach, *Le récit spéculaire. Essai sur la mise en abyme*. Paris, Seuil 1977.
4. Ou transtextualité, d'après G. Genette, qui comprend diverses sous-formes, *cf.* G. Genette, *Introduction à l'architexte*, in : *Théories des genres*. Paris, Seuil 1986 (p. 157).
5. Notion introduite par M. Bakhtine, cf. par exemple M. Bakhtine : *Esthétique et théorie du roman*. Paris, Gallimard 1978 (p. 157).
6. « O you wonder! / If you be maid, or no ? » / – « No wonder, sir ; but certainly a maid ». / (*The Tempest*, p. 14).
7. Storme, *Skæbneanekdoter*, p. 92, ce passage étant omis dans la traduction française.
8. Storme, *Skæbneanekdoter*, p. 82 (« au contraire », « justement »), p. 109 (« charmante chandeliers »), p. 83 (« avoir du poids ») ; seul le dernier exemple est signalé dans la traduction française comme étant en français dans le texte danois.
9. Storme, *Skæbneanekdoter*, p. 79 ; la traduction française rend cette énonciation latine en français (sans commentaires).
10. Dans la traduction française, l'article du journal et la lettre sont d'ailleurs typographiquement séparés du co-texte par des italiques, alors que le texte danois se contente d'un mode de présentation plus discret, ne se servant que des guillemets.
11. « Now my charms are all o'erthrown / and what strength I have's mine own (...) / Let me not / Since I have my dukedom got / and pardon'd the deceiver, dwell / in this bare island, by your spell ; / But release me from your bands, / With the help

of your good hands. (...) / Let your indulgence set me free ». (*The Tempest*, p. 30).
12. « We are such stuff / As dreams are made on, and our little life / Is rounded with a sleep » (*The Tempest*, p. 25).

Bibliographie :
Karen Blixen, *Storme*, in : *Skæbneanekdoter*. København, Gyldendal 1958 (1985). Traduction française de Marthe Metzger : *Tempêtes* dans *Le Dîner de Babette. Nouvelles*. Paris, Gallimard 1961 (1986).
William Shakespeare, *The Tempest*. The Complete Works of W. Shakespeare. London, Abbey Library 1964. Traduction française de J. J. Mayoux : *La Tempête*. Paris, Aubier, Ed. Montaigne 1963.
Emile Benveniste, *Problèmes de linguistique générale* I-II. Paris, Gallimard 1966 et 1974.
Lucien Dällenbach, *Le Récit spéculaire*. Paris, Seuil 1977.
Oswald Ducrot, *Les Mots du discours*. Paris, Minuit 1980.
Catherine Kerbrat-Orecchioni, *L'Enonciation. De la subjectivité dans le langage*. Paris, Armand Colin 1980.
Robert Langbaum, *Mulm, stråler og latter* (Traduit de l'anglais : The Gayety of Vision. A study of Isak Dinesen's Art). København, Gyldendal 1964.
Les plans d'énonciation (par L. Danon-Boileau), in : *Langages* 73, mars 1984. Paris, Larousse 1984.
Toril Moi, *Hele verden en scene : En analyse av Karen Blixens « Storme »* », in : *Edda-Hefte* 2, Oslo 1986.
François Récanati, *La Transparence et l'énonciation*. Paris, Seuil 1979.
Robert Louis Stevenson, *Essais sur l'art de la fiction*. Paris, La table ronde, 1988.
Merete Stistrup Jensen, *Marionnettes et modernité dans l'œuvre de Karen Blixen*, in : *Brev 1*, Revue franco-danoise, Arcane 17, Paris 1987.
Tzvetan Todorov, *La Notion de littérature*. Paris, Seuil 1987.
Tzvetan Todorov, *2. Poétique*. Paris, Seuil 1968.
Tzvetan Todorov, *Poétique de la prose*. Paris, Seuil 1971 (1978).

Bo Hakon Jørgensen
Qui suis-je ? – ou la métaphysique de la sensualité dans l'œuvre de Karen Blixen

Dans la production littéraire de Karen Blixen, on trouve des récits dans lesquels le mot 'histoire' figure si souvent qu'on est tenté de parler d'une poétique de la narrativité : dans *Dykkeren* (« Le Plongeur »), *Gensyn* (« Seconde rencontre »), *Kardinalens første historie* (« La Première Histoire du Cardinal »), *Drømmerne* (« Les Rêveurs ») et *Syndfloden over Norderney* (« Le Déluge sur Norderney »). Mais en dehors de ces récits particuliers, les références à la dimension éthique de la narration sont également fréquentes : par exemple à la fin du récit intitulé *Den sidste Dag* (« Le Dernier Jour ») où Viggo la Cour prononce les paroles suivantes : »Non, je comprends que je n'ai pas dû raconter l'histoire comme il faut, puisque tu me poses cette question. » Il est hors de doute que Karen Blixen considérait l'histoire comme un moyen de perception sûr, apte à structurer l'existence humaine et à en donner une vue d'ensemble. A cet égard, on se réfère souvent à la petite histoire pour enfants sur la cigogne, intitulée *Livets Veje* (« Les Chemins de la vie ») qui figure dans *La Ferme africaine*, et on pense qu'elle donne une idée suffisamment précise de la conception que l'auteur se faisait de la narration. Mais c'est beaucoup plus compliqué que l'on ne croit.

Unité et pluralité se suivent de façon curieuse dans cette production littéraire qui donne matière à réflexion aussi bien à ceux qui cherchent une synthèse qu'à ceux qui optent pour la déconstruction. Et ceci s'explique par le fait que l'unité qui la caractérise est durement acquise. Pour les personnages du récit, la chronologie de l'histoire se rapporte à « plus tard » : « Plus tard, Adam pensa que, ce soir-là, il avait pensé... » (*Sorg Agre* ; *Le Champ de la douleur*), ce qui implique qu'il s'agit d'une unité qui se constitue en dehors de leur vie actuelle réelle. Le rôle de l'histoire est d'insérer la pensée ou l'action passée dans un déroulement cohérent de sorte que le phénomène se charge d'une signification symbolique pour la structure fondamentale de l'existence. Du même coup, le personnage que l'histoire met en scène est renseigné sur sa véritable identité!

La réponse est le plus souvent de nature mythique ou littéraire. Ainsi : « Maintenant je sais que je suis Achille », la grande ombre mythique est donc révélée au personnage en question qui conçoit sa nature sous forme d'image, et non pas sous forme d'énonciation logique, ce qui, justement, constitue l'essence même de l'œuvre de Karen Blixen, comme l'a fait remarquer Aage Henriksen.

Dans cette conception de l'histoire, il y a beaucoup d'éléments d'ordre symbolique. Concentrons-nous sur *Le Plongeur*, le récit qui ouvre le recueil intitulé *Skæbneanekdoter* (« Anecdotes sur la Destinée»), dernier recueil écrit par Karen Blixen en 1958.

A trois reprises dans son œuvre littéraire, un personnage écoute le récit de son histoire, nous permettant ainsi de suivre sa réaction aux conséquences que cette histoire a eues sur son destin. Il s'agit de Calypso dans *Le Déluge sur Norderney*, Lord Byron dans *Seconde rencontre* et, de façon plus explicite et plus approfondie, Saufe dans *Le Plongeur*. Il en ressort que l'histoire en tant que forme a tendance à se thématiser, en ce sens que le modèle et sa modification sont présents au même moment : le personnage et l'histoire de celui-ci.

Mira Jama que nous avons déjà rencontré dans l'introduction du récit *Les Rêveurs*, raconte l'histoire du plongeur en insistant beaucoup sur le fait qu'elle est en deux parties exactement comme l'était l'histoire de Pellegrina dans *Les Rêveurs* : avant et après l'incendie de l'Opéra. En somme, on nous présente Saufe à deux niveaux, celui du jeune théologien entraîné dans une histoire d'amour avec la danseuse Thusmu et, plus tard, le plongeur Saufe (Saufe 2), qui a donné son titre au récit et qui, de par son métier, se trouve de temps en temps dans le monde de la mer et des poissons. De ce monde sans repères, un vieux poisson-coffre révèle à Saufe 2 ce qui suit :

> « Nous, les poissons (...) nous sommes parfaitement à l'aise et en harmonie dans notre élément. Nous nous déplaçons dans tous les sens, (...) sans savoir si nous montons ou descendons, mais en gardant à chaque instant un équilibre parfait. (...) Notre expérience

nous a fait comprendre, comme la tienne te l'apprendra, qu'il est possible de nager et de plonger sans espoir et qui plus est, que l'on préserve le mieux son équilibre sans l'espoir. » (p. 24 et 26-7).

Mira Jama raconte la première partie de l'histoire à un homme rencontré sur le rivage, ignorant, du moins au début, que le plongeur à qui il parle est Saufe. Il raconte comment Saufe s'est construit des ailes pour tout voir d'en haut comme les anges et pour avoir, comme eux, une vue d'ensemble sur les affaires terrestres. Son entreprise a si bien réussi que les gouvernants de la ville se proposent de faire échouer son projet en lui envoyant une danseuse qu'il prendra pour un ange à cause de son pouvoir de séduction érotique. Le coup de foudre cependant brouille les cartes et Thusmu avoue qu'elle n'est pas un ange. A cet aveu, Saufe 2 parle ainsi de son passé :

« Autrefois », dit-il, « le bien-être de ce Softa – celui-là même dont tu viens de parler – me tenait très à cœur. A l'heure qu'il est, je l'avais presque oublié. Mais je suis content de savoir qu'il a trouvé sa place dans une histoire, car je pense qu'il était créé pour cela et à l'avenir je l'y laisserai tranquille. Poursuis ton récit, Mira Jama, conteur d'histoires, et dis-moi comment il se termine. » (p. 21).

Il ressort de ceci qu'une histoire trouve sa substance dans la vie vécue tout en étant, en principe, différente de celle-ci. Et aussi que la vie peut être vécue sans l'identité offerte par une histoire, car Saufe est un homme heureux là où il est, sur le rivage, comme l'indique le récit. Ce qui lui a appris à se libérer du déroulement imposé par une histoire, c'est une chose qu'il sait et qu'il raconte à Mira Jama en échange de son histoire. C'est l'unique histoire des poissons portant sur la différence entre le monde des humains et celui des poissons. Elle souligne l'avantage qu'il y a à regarder le monde d'en bas, alors que la première partie, consacrée à l'expérience de Saufe avec les ailes, a pour sujet l'observation du monde vu d'en haut. Sur le rivage Saufe est ainsi écartelé entre ciel et abîme, entre ses aspirations et son manque de repères, situation où, l'aspiration étant déjà acquise, il reste par conséquent sans espérance.

Mais Saufe décrit le monde des poissons dans une histoire qui indique son statut en contenant un élément, grotesque à souhait, le poisson-coffre muni de lunettes d'écaille. En outre, il pose une question hors de propos en demandant comment va Thusmu. Il n'est donc pas non plus dépourvu d'aspiration. C'est un être humain sur un rivage, qui a lutté pour être heureux mais sans but et qui est hanté par son histoire qu'il apprend de la bouche de Mira Jama qui, ainsi, lui fait honneur, parce que c'est une histoire bien tournée, mais que l'on ne doit pas prendre trop au sérieux.

Qu'est-ce donc qu'une histoire ? Quel statut possède-t-elle en tant que principe cognitif ? Après sa rupture avec Thusmu, Saufe était parti au loin et, dans son deuxième état, il raconte qu'à l'époque « son moindre désir était de faire partie d'une histoire » (p. 22).

Une histoire comporte une direction et est inhumaine rien qu'à cause de cela. Les personnages sont entraînés contre leur gré et contre leur espérance. Thusmu est incapable de danser sans espérance et Mira Jama, aux dires de Saufe 2, est incapable sans elle de raconter une histoire. Saufe 1 était plein d'espérance et d'aspiration. Voici ce qu'il en disait :

> Car Dieu ne crée aucun désir sans avoir sous la main une réalité qui puisse l'exaucer ; le désir, pourtant, constitue notre garant et ceux qui ont le mal du pays sont bienheureux car ils vont rentrer chez eux. Et oh! s'écria-t-il, emporté par sa propre pensée, comme nous pourrions tout mieux ordonner sur terre, si nous pouvions consulter les anges qui, par définition, savent tout du principe éternel de la vie, puisqu'ils l'observent d'en haut. (p. 11).

Cependant, lorsque Thusmu avoue n'être pas un ange, Saufe perd sa foi dans les anges, par conséquent aussi sa foi en Dieu – mais non sa foi en la danseuse Thusmu. Sa première histoire devient donc le récit d'une foi qui se tranforme en amour. Le désir et la satisfaction sont tous les deux présents, mais le chaînon intermédiaire, la foi et l'espérance, est perdu. Ce parcours suit une direction qui peut être narrée et structurée avec, comme pivot, l'événement de cette perte, alors que la vie comme plongeur est dépourvue d'espérance, donc de direction. En d'autres termes, les histoires paraissent constituer des univers de signification comportant une direction et créés autour des moments de l'existence où l'espérance et l'aspiration restent intactes, alors que celles-ci ne sont racontées qu'à partir du moment où elles ne le sont plus. Elles représentent des univers artificiels où est conservée la passion humaine, même quand elles débouchent sur un malheur ou plutôt quand c'est le cas, parce que la passion reniée détrône l'espoir impossible d'une fin différente de celle qui est racontée. C'est pourquoi elles sont en mesure d'apporter au personnage une réponse sur sa propre identité, en montrant ce personnage se dirigeant vers un but. Dans un monde dénué de sens, elles peuvent illustrer ce même sens en nous racontant, à nous autres hommes, quel motif principal, dépouillé de tout motif mineur nous pousse en avant. Une optique d'escamotage par le style, une optique vers le motif créateur de notre existence.

Tandis que la psychanalyse découvrira « le fantasme originel », à la base du traumatisme de notre vie, l'histoire chez Karen Blixen montrera la déviation, la tragédie, le moyen paradoxal qu'utilise notre être pour faire son plus beau discours, c'est-à-dire le discours de notre aspiration la plus élevée, celle qui nous confère notre dignité, bien qu'elle ne soit jamais atteinte. Après l'anéantissement de la tragédie, l'histoire ressuscite l'aspiration fondamentale du moi qui est de la raconter.

Pour le plongeur Saufe, les deux histoires le concernant forment un récit qui pose la question de savoir si Thusmu continue à danser lors de la fête où on presse des pétales de roses pour en faire de l'essence – ce qui est une métaphore de la création de l'histoire au même titre que les perles dans les huîtres – et qui donc insiste avec précision sur la nature du motif principal existant dans la vie du plongeur : la foi en la danseuse Thusmu, l'ange de sa vie. Il continue à vivre sans cette foi, quoique toujours dans sa dimension verticale lui permettant de considérer le monde vu d'en bas, alors que son désir était de le voir d'en haut. Dans l'ensemble, on peut voir dans *Le Plongeur* l'histoire du maintien de la dimension verticale au-delà de toute dénégation. L'histoire de l'homme écartelé entre unité et manque de repères où il n'y a que l'unité détruite pour transporter sans dommage l'aspiration vers l'unité.

Ainsi l'histoire établit-elle l'unité où il n'y en a pas, rassemble des éléments existentiels disparates pour en faire une image cohérente, un monument pour rappeler que la tendance à vouloir transcender l'absurdité a existé.

De quelle façon y arrive-t-elle ? Dans *Seconde rencontre*, on voit comment procède l'histoire. Lord Byron se trouve à Gênes en route vers la Grèce où l'histoire nous apprend qu'il va trouver la mort dans la guerre d'indépendance. A Gênes, son sosie, le directeur du théâtre de marionnettes Pipistrello, vient le trouver. Quatorze ans auparavant, celui-ci l'a sauvé d'un guet-apens en prenant sa place. Pipistrello vient à présent pour savoir comment Lord Byron a su tirer profit de cette période, comment il a exploité cette chance de survie. Pipistrello, quant à lui, s'y connaît en histoires et pendant ces années-là, il a voyagé, lui, avec son théâtre, montrant des pièces dans lesquelles « tout ce qui m'est arrivé depuis (s'est) transformé en histoire » (*Contes Posthumes*. Copenhague 1975) :

> Car je vais vous dire, continua-t-il, qu'en acceptant, jadis ma vie et la pièce en or, j'ai compromis mon droit à une vraie vie. A partir de ce moment-là, son harmonie était celle d'une histoire. Certes, c'est un grand bonheur de pouvoir transformer les choses qui vous arrivent en histoires. C'est peut-être le seul bonheur absolu qu'un être humain puisse trouver dans la vie. Mais c'est en même temps impossible à expliquer aux non-initiés, c'est une perte et même une malédiction. (p. 282).

L'opposition entre l'existence et l'histoire est une fois de plus soulignée ici, de même que la relation qui existe entre ces deux concepts, si étroite qu'ils sont presque considérés comme des entités complémentaires. L'existence se transforme en histoire et se soumet par là-même à une disposition appelée « harmonie » qui, cependant, est aussi arrêt ou mort, et vécue en conséquence comme une perte. Le récit s'étend sur la façon dont cette harmonie est créée. Pipistrello explique ainsi sa présence à Lord Byron :

> Je suis en effet venu établir une liste [des expériences de Lord Byron], pour faire le bilan de votre provision, en rassembler les éléments pour en constituer une totalité, une cave à vin, comme vous dites. Je vais la transformer en histoire. C'est le résultat de retrouvailles. C'est la pierre de touche de l'histoire, la dernière courbe de la parenthèse qui se joint à la première pour faire de ce qu'il y a entre les deux une totalité. (p. 283).

L'histoire surgit donc entre deux parenthèses, entre deux rencontres ou plus exactement les deux rencontres transforment, à l'instar d'un cadre, l'intervalle en histoire. Pour la même raison, l'encadrement d'un tableau représente la démarcation, une mise en signification. Car on prétend qu'à l'intérieur de ce cadre, les éléments doivent se combiner, chercher des analogies ou des prolongements. Le cadre empêche les éléments de rompre la cohérence en s'éloignant, étant donné qu'ils sont reliés pour former une fascis, un faisceau, qui est à l'origine du mot fascination comme Erik A. Nielsen l'a clairement démontré dans ses réflexions sur *L'Esthétique du trou*. La coupure de la photographie remplit la même fonction : les personnes qui s'y trouvent en présence sont transformées en figures ayant des rapports entre elles, même si elles *ne* faisaient *rien* d'autre que d'être là par hasard.

Lord Byron se sert de la comparaison avec différents crus, invitant ainsi à l'image unificatrice : une cave à vin utilisée par Pipistrello. Et apparemment, il n'y a aucune limite aux rencontres qui peuvent s'utiliser si ce n'est la mort représentant la deuxième rencontre, l'ultime qui change la vie de Lord Byron en histoire.

Pendant l'entretien, Pipistrello met en cause tant Ali Baba qu'un épisode relatant comment la Vierge Marie revoit le Saint Esprit trente-quatre ans après la conception de Jésus à seule fin d'expliquer en quoi consiste une histoire. Les rencontres ou les retrouvailles sont, comme le postule d'ailleurs la théorie sur la nouvelle, comparables à un point de détermination et d'interprétation qui fixe la direction des lignes de mouvement que peuvent suivre les phénomènes contenus dans l'histoire. Or, une dimension importante touchant l'histoire n'est pas mentionnée : le fait que l'histoire se concentre uniquement sur ces deux rencontres en excluant toute rencontre ultérieure, la troisième, quatrième, cinquième par exemple, comme si cela allait de soi. Les deux rencontres en question suffisent à contenir la vie entière des personnages présents. Il faut croire que l'unité des parenthèses suffit seule à contenir toute la multiplicité de leur existence! Ainsi, l'histoire s'attribue des privilèges extrêmes pour répondre à la question cruciale : Qui suis-je ? Il se peut que Pipistrello ait fait allusion à cette usurpation en réfléchissant sur la manière dont l'harmonie dans une vie s'était transformée en harmonie dans une histoire ? L'arrêt ou la mort directe /indirecte représenté par la deuxième rencontre est la condition *sine qua non* de l'histoire.

En tout état de cause, c'est à cette insensibilité de l'histoire que *La Première Histoire du cardinal* a recours en parlant de l'histoire par rapport au roman, de l'histoire liée à l'événement et du roman comme identification à la vie sentimentale des personnages. Le récit permet au cardinal d'accentuer le rôle de l'histoire aux dépens du roman :

> Car dans le monde entier, l'histoire seule détient le pouvoir de répondre au cri de détresse venu du cœur humain : »Qui suis-je » ? (*Derniers Contes*. Copenhague 1957, p. 29).

La dame en robe noire à qui le Cardinal adresse ces paroles vient d'entendre de sa bouche le récit des contradictions de sa propre vie à elle, exposé de façon cohérente dans une situation presque psychanalytique empreinte de spatialité mais non de contenu. Car, là où la psychanalyse se pencherait sur le passé factuel de l'individu, le cardinal choisit la forme pseudo-objective, qui est aussi la plus contestable au point de vue thérapeutique :

> Et permettez-moi à présent, comme il convient à ma nature pudique, de parler de moi-même comme si je parlais de quelqu'un d'autre et de répondre à votre question de façon classique en vous racontant une histoire. (p. 10).

Alors que l'analyse se fonderait sur la question fondamentale : Comment devenir un autre – l'histoire vise donc à maintenir et à totaliser les traits constants de la vie vécue : Qui suis-je ?

Le contraste s'accentue encore dans une discussion sur le roman et l'histoire. Le premier étant un art nouveau qui cherche à amener le lecteur à s'identifier au personnage principal, tandis que l'histoire ne s'intéresse pas du tout à la vie sentimentale des personnages, vu qu'elle est un modèle (« une volonté propre ») qui attire les personnages vers elle comme un aimant puissant pour développer une succession de figures plutôt que pour faire évoluer des individus ayant des sens et des émotions. De nouveau, c'est Ali Baba qui sert d'exemple :

> L'histoire immortelle donne à son héros l'immortalité sans s'occuper de sa propre nature. Ali Baba qui n'est en soi rien d'autre qu'un marchand de bois honnête tient lieu de héros dans une des histoires les plus précieuses du monde. (p. 28).

Alors que le roman « a l'haleine chaude » et est à l'image de son lecteur « incertain, déchiré et plein de défauts », l'histoire n'est pas tout à fait humaine, les héros y sont élevés sur un plan supérieur qui pour nous, le commun des mortels, est inaccessible. C'est pourquoi l'histoire constitue une unité artificielle. Comment est-elle alors en mesure d'apporter une réponse à la question cruciale de l'être humain ?

Elle n'en est capable qu'à condition d'être reçue dans la conception blixénienne du genre. Car chez elle, l'histoire transforme une destinée individuelle en un archétype. Le cardinal parle de lui-même en parlant de quelqu'un d'autre. Ainsi, l'histoire comporte la dramatisation du moi sur une scène de théâtre de marionnettes, avec pour tireur de ficelles ce même moi. Et on peut se demander s'il ne s'agit pas là d'un emploi très moderne du récit narratif ? Un emploi qui attribue au moi écrivant une perspective littéraire ou mythique, exactement comme le symbolisme avait l'intention de le faire.

Au moyen de « plus tard », d'une deuxième rencontre, les règles de l'histoire, telles des conditions échappant à la volonté du moi, vont par la force, obliger les éléments disparates du vécu à former une structure.

Bien qu'à moitié réussie, le moi obtient pourtant une explication, une transformation poétique/orphique qui permet de se voir tel que le monde nous voit. Car, dans la mesure où l'histoire doit établir tout ce qui peut être reconnu par tout le monde : lieu de l'action, maisons, années, personnages avec des relations normales, nous sommes racontés à leur image, tels des personnages placés dans un paysage. Nous sommes observés de l'extérieur comme Calypso dans *Le Déluge sur Norderney* par Malin nuit et jour :

> A ce point du récit relaté par Mademoiselle Malin, la jeune fille, qui jusque-là avait regardé droit devant elle, fixa ses yeux affolés sur la narratrice faisant preuve d'un intérêt tout à fait nouveau, comme si elle entendait elle-même l'histoire pour la première fois. Mademoiselle Malin avait l'imagination vive, mais que l'histoire fût véridique ou pas, elle devait, aux yeux de son héroïne, avoir symbolisé ou avoir été une transformation poétique de ce qu'elle avait réellement vécu et le regard limpide et profond qu'elle jeta à la vieille femme prouva qu'elle s'y reconnut. (p. 177).

La transformation poétique qu'apporte l'histoire en tant que forme chez Karen Blixen est donc qu'elle attribue le plus souvent aux personnages des préfigurations littéraires : Timon (de la ville d'Assens), La Grande Courtisane/ la Sainte ou Barrabas. Lorsque l'histoire répond, c'est en présentant une nouvelle histoire qui donne la liberté au moi de pouvoir s'objectiver dans une autre.

Dans *Dianas Hævn* (« La Vengeance de Diana »), Marianne Juhl et moi-même avons mentionné notre intention d'utiliser l'expression de Gabriel Marcel, « la métaphysique de la sensualité » à propos de ce qui est en jeu dans l'œuvre de Karen Blixen. A l'époque, nous étions d'avis de pouvoir ainsi indiquer que le point de départ de la sensualité était d'ordre spirituel. A présent, je conçois en outre le mot métaphysique comme l'essence même de la sensualité et je mets ici la forme de l'histoire créée par Karen Blixen par dessus la différence entre structure et modernité sans but. Car le but même de l'histoire est de décanter le dessin de l'histoire immortelle à partir de la vie moderne caractérisée par son absence de racines historiques. Donc, de transformer la chair en paroles, comme nous le lisons dans *La Ferme africaine*. En même temps, il ne faut pas oublier l'individu sous le déguisement de l'histoire. C'est sur les prémisses de ce moi que se construit le monde inédit de l'histoire. Kaspersen caché sous le pansement du cardinal.

Par conséquent, j'affirme que lorsque Karen Blixen établissait une relation entre elle-même et une tradition narrative immortelle datant d'environ trois mille ans, c'était en réalité une déclaration mythologique à propos d'une technique esthétique, moderne à ce moment-là. En choisissant des expressions comme destinée et histoire pour appliquer cette technique, elle a choisi plus ou moins consciemment – personnellement je crois qu'elle en était consciente – de faire, en s'abritant derrière le tradition ancienne, une exploitation moderne, d'un genre ancien : l'Histoire.

Dans celle-ci, elle trouva l'unité que les symbolistes désiraient avec tant d'ardeur, l'unité qui transforme la contingence en nécessité dans le cadre de la poésie. Les nombreux récits à tiroirs de sa production littéraire peuvent par conséquent se comprendre comme les conditions à l'intérieur desquelles l'unité de l'histoire peut être maintenue. La thématique des marionnettes indique la même idée – ce n'est que déguisés en poupées que les éléments individuels perturbateurs peuvent être tenus à distance. Cela vaut également pour les cercles de lumière qui, presque comparables à des espaces scéniques, sont établis un peu partout dans les récits et qui, à l'unisson, parlent de l'existence limitée de l'unité établie.

Lorsque à la fin de *De standhaftige Slaveejere* (« Les Maîtres d'esclaves stoïques »), Axel juge ses efforts, il se trouve au bord d'une chute d'eau et observant celle-ci, il apprend beaucoup sur les concepts d'unité, de forme et d'histoire opposés à ceux de pluralité, d'individualité et de catastrophe :

> Son regard était tourné vers la chute d'eau. Le courant limpide jaillissait d'entre la mousse et les pierres, telle une colonne lumineuse et gigantesque. Sa noble forme restait inchangée tout au long du jour, ainsi que la nuit, quand personne ne la regardait. Au milieu de la

chute, il y avait une petite cascade qui bondissait à l'endroit où l'eau heurtait une roche qui, elle aussi, était inaltérable, à l'image d'une jeune mariée dans le marbre de la chute. S'il revenait ici dans dix ou vingt ans, tout aurait la même apparence que maintenant, telle une œuvre d'art harmonieuse, durable. Et pourtant, c'était ici même que, de seconde en seconde, des masses d'eau renouvelées étaient projetées par dessus le bord de la roche, se précipitaient dans l'abîme pour ensuite disparaître, éclatées. C'était un anéantissement continu, un tourbillon permanent, une catastrophe éternelle.

Pris de vertige à considérer ainsi la chute, une pensée lui vint : Y-a-t-il dans l'existence humaine une forme de l'être tout aussi paradoxale ? Peut-on y survivre tout en étant condamné à mort, préserver la continuité dans la chute et garder l'équilibre au milieu d'une fuite classique, d'une course éperdue ?

Dans la musique elle existe sous le nom de fugue :

D'un air placide et triomphant, Tu passes ton chemin, majestueuse enfant.

Elle existe également dans l'écriture – tel doit en être le sens – et elle s'appelle alors une histoire : forme et catastrophe reliées, ou en d'autres termes, forme et subjectivité, puisque l'éclatement de chaque goutte d'eau symbolise les catastrophes fortuites de chaque vie humaine. Mais une telle structure formelle apparaît à partir de l'endroit où se situe le narrateur, perdu dans les nues, donc loin au-dessus du récit, et qu'illustrent les vers de Baudelaire. En tant qu'écrivain, elle se sert de l'histoire pour faire apparaître une cohérence dont la personne qui y est impliquée ne pourra jamais avoir une impression sur le moment, mais qui est entièrement réservée à une vue d'ensemble comme il est le plus souvent indiqué dans les récits au moyen de « plus tard » (cf. Adam dans *Le Champ de la douleur* : »Plus tard, Adam pensa que, ce soir-là, il avait pensé... »). C'est un extrême bonheur pour un être humain que de se considérer en tant qu'histoire, mais en même temps un extrême malheur – parce que la connaissance que l'histoire communique ne vaut rien pour l'homme dans la mesure où cette connaissance appartient à l'avenir. La vue d'ensemble produite par l'histoire est le résultat du processus de l'écriture et n'appartient, au fond, qu'à l'écrivain, comme c'est le cas dans d'autres courants propres au modernisme.

De ce qui précède, nous pouvons tirer la conclusion suivante : la conception de l'histoire que nous rencontrons chez Karen Blixen considère l'histoire comme un espace limité, élevé et artificiel se trouvant au-dessus de l'existence humaine. L'histoire est peu sérieuse, mais elle montre en même temps ce qui est important dans la sensualité et la réalité. Elle indique qui on est, et non qui on pourra devenir ou être. La deuxième rencontre dans l'histoire marque une sorte d'arrêt dans le déroulement de la narration, une mort apportant structure et sérénité qui, jaillissant de la limitation, provoque l'unité. Exactement comme la mort attend Lord Byron et de ce fait résume sa destinée dans une histoire. De la même manière modifiante, l'histoire parle du moi en parlant d'un autre – elle essaie de faire du moi un autre, mais admet justement, dans son apparence limitée, qu'elle est comparable à une expérience, à une tentative d'interprétation.

Si le fait de démasquer Kaspersen constitue une telle concession à l'agencement esthétique – et si l'énoncé « A ton masque je te connaîtrai » fait foi – il est caractéristique que l'acte de démasquer est métonymique par rapport au moi écrivant. Le masque ou l'histoire de l'autre qui représente le moi constitue par conséquent un élément partiel du moi véritable – une réduction spécifique de ce moi – dont la transformation laisse apparaître la vérité. L'histoire constitue une expérience faite avec l'image *extérieure* du moi placé dans le milieu ambiant, tandis que la psychanalyse est la mise au point des images *intérieures* et inconscientes du moi. L'histoire naît de la métamorphose fatale de la chair en signifié, ainsi que de l'arrêt du temps, tandis que la psychanalyse cherche à faire disparaître le blocage, l'arrêt, l'inhibition. L'histoire est la restriction que s'impose la conscience pour pouvoir se confectionner une image extérieure stable, un signe. Avoir soudain la faculté de se regarder du dehors est justement l'expérience que Childerique vit dans *Karyatiderne* (« Les Cariatides ») :

A ce moment même, il lui arriva quelque chose de bizarre et d'effrayant qu'elle n'avait jamais vécu auparavant. Elle se vit aussi nettement que si elle regardait avec les yeux d'un autre qui se trouvait en face d'elle. Elle vit sa propre silhouette, debout devant la maison, les cheveux sur les épaules et elle la vit diminuer insensiblement, là sur la terrasse lorsqu'il s'éloigna d'elle. (*Derniers Contes*, p. 122).

Ultérieurement transformée en histoire, la fonction de cette faculté est de dévoiler une unité, une structure de destinées. A l'instar de Axel regardant la chute d'eau, c'est la façon dont l'être humain arrive à établir un point de repère au milieu de la destruction continuelle et de la chute qui, toutes deux, sont inhérentes à toute vie normale. Avec l'histoire, qu'elle soit racontée ou écrite, on est en mesure de préserver la cohérence dans la vie quotidienne qui est immanquablement vouée à l'échec, de maintenir la continuité, de supporter ainsi la destruction propre au temporel sans pour autant pouvoir y échapper. C'est le triomphe qui accompagne l'enfant royal de Baudelaire.

Voilà pourquoi l'histoire est la réponse à la question humaine : Qui suis-je ? – Vous êtes tel que l'histoire vous raconte! Elle est votre signe distinctif, votre attribut. L'histoire est devenue l'explication du moi, son énonciation, sa trace dans le monde, mais elle ne lui est d'aucun secours. Sauf que la manifestation du moi ne forme pas de tracé aussi simple que celui de la cigogne dans *Les Chemins de la vie* ou celui des structures contenues dans les histoires immortelles.

(Printemps 92)

Traduit par Anne Monnier.

Marc Auchet
Le « Festin » de Karen Blixen

Une nouvelle destinée à un public populaire

Bien qu'une bonne partie de l'œuvre de Karen Blixen ait été traduite assez tôt en France, ce sont certainement les films *Out of Africa* (1985) et *Le Festin de Babette* [1] (1987) qui ont révélé la conteuse danoise à beaucoup de Français. Le cadre de référence et le thème de chacune de ces deux réalisations cinématographiques sont tellement différents, qu'après avoir vu l'une et l'autre, un bon nombre de spectateurs ont dû rester perplexes, si tant est qu'ils ont cherché à établir un rapprochement entre les deux.

Le but principal de la présente analyse est de montrer que la nouvelle *Le Festin de Babette* est, elle aussi, fortement chargée de matériaux autobiographiques, et que malgré la simplicité de sa facture, elle renseigne sur des points réellement essentiels à la compréhension de l'œuvre de Karen Blixen.

On sait que cette nouvelle était destinée dès le départ à toucher un public populaire. Il s'agissait en effet pour Karen Blixen de conquérir le vaste marché des magazines américains, de façon à résoudre d'importants problèmes financiers. C'est en juillet 1947 qu'on trouve la première mention du *Festin de Babette*, dans une lettre adressée à l'éditeur américain Robert Haas [2], mais Clara Svendsen signale dans ses *Notes sur Karen Blixen* (1974) que la conteuse a travaillé intensément à l'élaboration du texte au cours de l'année 1949 [3]. Après diverses péripéties, c'est finalement le *Ladies' Home Journal* qui imprima le manuscrit, au cours de l'année suivante.

Quinze années séparent la parution des œuvres « exigeantes » que sont les *Contes d'hiver* (1942) et les *Derniers récits* (1957), et dans cet intervalle, Karen Blixen, très diminuée dans sa santé, n'a guère écrit que des textes dont la rédaction ne lui demandait pas trop d'efforts.

Sans sous-estimer les qualités littéraires du *Festin de Babette*, la conteuse pensait que ce texte « avait moins de poids » que ses meilleures œuvres (J. T., p. 701). Traduit de l'anglais par Jørgen Claudi et lu une première fois à la radio danoise par Bodil Ipsen en novembre 1950, puis une seconde fois un peu plus d'un an plus tard, ce récit fut publié en 1952 par les éditions Fremad comme l'un des livres les moins chers de l'année. Il s'agissait de lancer une collection bon marché, la « Bibliothèque populaire Fremad ».

Il est bien vrai que la structure et l'idée centrale du *Festin de Babette* sont d'une simplicité et d'une limpidité rares chez Karen Blixen, mais cette particularité cache un substrat beaucoup plus complexe que le commentateur se doit de mettre en lumière. Après avoir montré qu'on trouve dans cette nouvelle un réseau particulièrement dense de réminiscences tirées de la vie de l'auteur, je chercherai à prouver que cet ensemble invite réellement à voir dans le personnage de Babette un double de Karen Blixen, et ce, dans une mesure beaucoup plus grande que ce qu'on reconnaît habituellement. Nombreux sont les critiques qui ont fait remarquer que l'incompréhension dont souffre la cuisinière de génie est aussi celle qu'a rencontrée la conteuse auprès d'une partie du public danois de son époque, mais on n'a peut-être pas suffisamment souligné jusqu'ici à quel point cette nouvelle est « intimement chevillée au tourbillon que fut (la) vie » de son auteur [4].

Karen Blixen et l'art culinaire

Comme le personnage central de la nouvelle, Karen Blixen éprouvait une véritable passion pour l'art culinaire. Au milieu des années vingt, envisageant l'éventualité de la faillite de sa ferme africaine, elle pensait qu'elle pourrait peut-être trouver une place de chef-cuisinier dans un hôtel, et lors d'un séjour au Danemark, elle prit des leçons auprès du chef français d'un restaurant de Copenhague qui fut, semble-t-il, très impressionné par ses talents. Elle aimait d'ailleurs aussi beaucoup recevoir. Sa meilleure biographe, Judith Thurman, juge qu'elle « était très douée comme hôtesse ... Le raffinement du décor comme celui de la cuisine étaient aussi pour beaucoup dans le succès de ses réceptions ... gâter ses invités était l'un de ses grands plaisirs, et cela depuis l'Afrique. » (*op. cit.*, pp. 581-582). Elle précise aussi que ses « dîners et déjeuners étaient toujours en petit comité et le nombre n'excédait jamais six ou huit » (*ibid.*).

Il est intéressant de noter qu'au début des années cinquante, au cours des soirées qu'elle organisait à Rungstedlund, elle cherchait à « amener ses amis à un état inspiré », et « tentait de créer sous l'égide du dîner et de ses directives 'la même atmosphère intense et chargée d'érotisme' qui, imaginait-elle, avait dû présider aux premiers dialogues philosophiques » (J. T., p. 618). C'est le même genre d'expérience quasi mystique que décrivait le colonel Gallifet, lorsqu'il estimait que Babette « était capable de transformer n'importe quel repas au Café Anglais en une sorte d'affaire amoureuse, où l'on n'arrive plus à faire la différence entre l'appétit ou le rassasiement physique ou psychique » [5]. C'est cette même « stratégie » qu'elle a aussi pratiquée envers Denys Finch Hatton ou Thorkild Bjørnvig. L'épiphanie qui clôt la scène du dîner dans la nouvelle correspond donc à une réalité qui occupait une place importante dans la psychologie et les habitudes de vie de l'auteur. Dans *La Ferme africaine*, Karen Blixen se compare à Schéhérazade, et c'est au cours des visites que lui rendait Finch Hatton qu'elle exerçait ses talents de conteuse, mêlant ainsi les plaisirs de la table et des sens à ceux de l'esprit.

Publiés peu de temps après *Le Festin de Babette*, à une période où Karen Blixen n'écrivait guère, les *Daguerréotypes* – il s'agissait initialement de deux causeries faites à la radio les 1er et 7 janvier 1951 – ont avec notre sujet un rapport inattendu qui mérite d'être souligné. L'intention générale de ce petit ouvrage était de « dépeindre et d'éclairer les us et coutumes et le mode de pensée des temps passés » [6]. L'auteur tenait à rappeler à ses contemporains danois quelles avaient été les valeurs fondamentales de la *herregaardskultur* dont elle était l'une des dernières représentantes. Il est important pour notre propos de noter que le deuxième volet de cet essai se rapporte précisément à la nourriture, et que Karen Blixen en fait l'un des piliers de la culture en question. Elle insiste sur le « sens du rituel » que ce respect de l'art culinaire impliquait, et elle attribue à la figure de la cuisinière une telle importance qu'elle va jusqu'à la comparer à Samson.

En mettant en question l'ordre établi – elle veut en effet savoir pourquoi les gens de maison n'auraient pas le droit de manger la même nourriture que leurs maîtres – la cuisinière ébranle tout l'édifice social, comme le juge de l'Ancien Testament qui avait provoqué l'écroulement d'un palais dans lequel une multitude de Philistins s'étaient retrouvés pour festoyer. Ce qui compte pour nous ici, c'est évidemment l'importance symbolique capitale que Karen Blixen accorde aux habitudes culinaires. La maîtresse de maison apparaît comme « la prêtresse d'un ordre sacré du monde » (p. 253), tandis que sa demeure est désignée comme faisant partie du « grand temple de la dignité humaine » (*ibid.*). C'est la même valeur sacrée qui revient à la table dans *Le Festin de Babette*. Ce n'est sans doute pas un hasard si, dans cette causerie, l'une des représentantes du monde aristocratique danois porte précisément le même nom que la seule personne qui est à même d'apprécier à sa juste valeur la prestation de Babette Hersant : elle s'appelle elle aussi Löwenhjelm et elle est femme de général.

Le personnage de Babette a des liens tout à fait privilégiés avec l'auteur. Il rappelle fortement Kamante, l'un des serviteurs africains auxquels Karen Blixen a dressé un monument dans son autobiographie. C'est lui qui fut son cuisinier pendant des années. Elle lui avait sauvé la vie lorsqu'il était jeune, et il était resté attaché à sa personne. Dans les pages qu'elle consacre à la description de son talent dans *La Ferme africaine*, la conteuse lui reconnaît toutes les caractéristiques d'un génie culinaire d'une envergure absolument exceptionnelle, surtout si l'on tient compte du fait qu'il avait grandi dans une culture totalement étrangère aux habitudes européennes. Elle lui attribue même des traits démoniaques. « Il y a quelque chose de saisissant à travailler avec un démon »[7]. L'immense respect que Karen Blixen, parfait connaisseur en la matière, témoigne pour les dons de Kamante rend presque évident le rapprochement avec le personnage de Babette [8].

La présence occulte du père – Les deux sœurs

Le contenu latent du *Festin de Babette* renferme plusieurs éléments qui ont un rapport symbolique étroit avec la constellation familiale que l'auteur a connue dans son enfance. On y trouve en particulier une trace très nette du souvenir obsessionnel qu'elle a toujours gardé de son père.

Le récit tout entier s'organise autour d'une figure paternelle, le pasteur de Berlevaag. S'il est là en personne dans toute la première partie, sa présence se fait occulte dans la seconde, mais le souvenir que chacun a gardé de lui est très vif. Toute la petite communauté qu'il avait fondée continue à vivre dans un véritable culte de sa mémoire. Et c'est la fête organisée à l'occasion du centième anniversaire de sa naissance qui permet aux participants de communier dans l'expérience extatique qui est précisément le sujet de la nouvelle.

Quand on sait à quel point Karen Blixen était liée à son père, affectivement autant qu'intellectuellement, et quand on connaît le mythe qui, dans son esprit, s'était attaché à son souvenir, on se sent parfaitement autorisé à attribuer une valeur autobiographique à ce détail. L'anniversaire du vieux pasteur de la nouvelle fait d'ailleurs étrangement écho au discours que Karen Blixen avait prononcé à la radio danoise en 1945, pour commémorer le centenaire de Wilhelm Dinesen. On sait qu'à quinze ans, Karen Blixen « devint obsédée par l'idée que son père continuait à vivre en elle et que ses idéaux ne pourraient survivre qu'à travers elle. » (J. T., p. 100)

On objectera peut-être que Wilhelm Dinesen était tout le contraire d'une nature religieuse et que le mode de vie très libre qui a été le sien au moins pendant une bonne partie de sa vie ne correspond pas du tout au puritanisme du père de Martine et Philippa. Je répondrai à cela que ce glissement peut fort bien s'expliquer par un phénomène de condensation. En effet, le piétisme de la petite maison jaune de Berlevaag rappelle tout à fait celui de la famille de la mère de Karen Blixen. Fervents unitariens, les Westenholz étaient très attachés au respect de la morale chrétienne. Judith Thurman estime que leur famille était « fanatiquement puritaine » (p. 473).

Fait intéressant pour notre analyse, Wilhelm Dinesen est lui aussi présent de façon véritablement occulte dans la nouvelle. On sait qu'il était à Paris au moment des événements tragiques de la Commune et qu'il les a décrits dans un ouvrage publié en 1872. Qui plus est, ses *Lettres de chasse* (1889) font état de deux souvenirs parisiens bien précis qui semblent avoir directement inspiré Karen Blixen. Je pense ici à une figure de pétroleuse qui meurt sur une barricade et dont le courage rappelle exactement celui de Babette (B .G., p. 81). Wilhelm Dinesen signale à cette occasion que c'est la seule fois qu'il a vu une femme et un fusil former un tout harmonieux [9].

On trouve par ailleurs dans le même volume de lettres de chasse le souvenir d'une diva qui chantait le rôle de Zerlina, et avec qui le père de Karen Blixen pourrait avoir eu une liaison (*ibid.*, p.80). Dinesen cite ce détail au cours d'un bref développement sur les rapports de l'artiste avec son public. On se souvient que c'est précisément le duo de Don Juan et de Zerlina qui amène Achille Papin à perdre son sang-froid et cause indirectement son départ.

La conjonction de ces trois éléments – la place qu'occupent les événements de la Commune, la figure si originale de la pétroleuse, et celle de la cantatrice qui joue dans le *Don Juan* de Mozart – semble apporter une preuve matérielle pratiquement irréfutable de la présence obsédante du souvenir de son père dans l'esprit de l'auteur au moment où elle écrivait *Le Festin de Babette*.

D'autres détails semblent pouvoir confirmer cette thèse. Si le nom de Löwenhjelm apparaît dans un contexte « culinaire » dans le deuxième des *Daguerréotypes* déjà cités, c'est le prénom du général – Lorens – qu'on trouve dans la première de ces causeries radiodiffusées de 1951, sous la forme légèrement altérée de Laurentzius. Certes, ce prénom n'est pas cité expressément, mais Karen Blixen n'a pu faire autrement que d'y penser, puisque c'était celui du frère de son père, le chambellan Laurentzius Dinesen, qui fournit la matière du texte en question. Il habitait dans la demeure familiale de Katholm, lieu qui se chargea d'une forte connotation mythique dans l'esprit de la jeune Karen après le suicide de Wilhelm Dinesen. On sait qu'elle se rendit à Katholm pour une sorte de pélerinage, en 1900, « à la recherche de son identité de Dinesen » (J. T., p. 104). Elle ne tarda d'ailleurs pas à identifier Laurentzius à son propre père, croyant voir ce dernier lui sourire dans les yeux de son frère, qui lui ressemblait « comme l'ombre et la lumière d'un même jour » (*ibid.*, p. 102).

Aux yeux de Karen Blixen, Laurentzius était un représentant idéal d'un monde aristocratique en voie de disparition, un de ces hommes « de la génération de son père, qui avaient combattu avec les Prussiens, passé l'hiver à Saint-Pétersbourg, dîné au Café Anglais (comme Löwenhielm!) avec leurs maîtresses, et qui étaient d'agréables causeurs » (*ibid.*, p. 103). Ces éléments convergents invitent à voir dans Lorens Löwenhielm un double du père de l'auteur.

Dans le premier de ses *Daguerréotypes*, la conteuse se livre aussi à des considérations sur l'idéal féminin tel que la génération de son oncle se le représentait. Elle ajoute alors aux images de l'ange gardien, de la maîtresse de maison et de la bayadère, celle de la sorcière, qui, on le sait, correspond à un trait particulier de sa psychologie. Les rapports si étranges qu'elle a entretenus avec Thorkild Bjørnvig surtout entre 1950 et 1954 en sont un témoignage éloquent.

Les deux filles du pasteur, Martine et Philippa, forment avec leur père et Babette une constellation qui rappelle fortement celle que l'auteur a connue dans son enfance. L'ambiance piétiste de la maison de Berlevaag rappelait la « chaste maisonnée » où Karen Dinesen a grandi (J. T., p. 180). Il est bon de noter qu'à l'époque où ses deux frères partirent en pension, elle vécut avec ses deux sœurs dans ce « confortable couvent laïque » (*ibid.*) alors qu'elles étaient toutes trois célibataires et approchaient de la trentaine, et qu'elles étaient entourées de femmes d'un certain âge et de vieilles filles. C'est précisément à ce moment-là que l'amour fou qu'elle avait conçu pour Hans Blixen fut cruellement déçu.

Les deux sœurs de la conteuse, Ea (Inger) et Ella (Ellen), ressemblent à s'y méprendre à Martine et Philippa. Soprano léger, Ea fait penser à Philippa. Elle « avait une voix agréable, elle chantait souvent des lieder pour la famille et elle espérait faire carrière dans la musique. » (J. T., p. 73) Elle était toutefois « dépourvue de prétentions sociales et n'avait pas la folie des grandeurs » (*ibid.*, p. 139). Elle mourut d'ailleurs vers la trentaine. De son côté, Ella rappelle Martine, puisque son idéalisme la porta finalement – après une période socialiste – vers les œuvres caritatives. Une connivence particulière liait Karen Dinesen à sa sœur Ella. C'est elle qui fut « le public prisonnier des premières histoires de Tanne, qu'elles testaient toutes deux dans la chambre, les lumières éteintes » (*ibid.*, p. 74). Comme Martine et Philippa, Karen et Ella Dinesen n'avaient qu'un an de différence d'âge.

Une question de dates

Deux points de détail peuvent aussi être considérés comme autant de fils partiels dans le réseau d'associations que je m'efforce de mettre en évidence : le thème de la loterie et le grandiose décor norvégien qui sert de cadre à la nouvelle. L'un et l'autre apparaissent côte à côte dans le récit minutieux que Judith Thurman fait de l'année 1911 dans sa biographie de Karen Blixen.

S'agissant de la loterie, on apprend qu'étant à Paris, et « passant près d'un vieillard qui vendait des billets de loterie, dont le gros lot était d'un million de francs, elle en avait acheté un » (*ibid.*, p. 184). A cette occasion, elle consignait dans son journal : « Peut-être que le destin verra là l'occasion de me payer ses dettes. »

L'autre motif, celui du décor norvégien se retrouve dans plusieurs nouvelles de la conteuse, mais il est particulièrement intéressant quand on considère que Karen Blixen fit un séjour en Norvège la même année, pour répondre à une invitation de son frère Thomas, qui avait compris qu'elle était très affectée par sa déconvenue sentimentale avec Hans Blixen. Pour Thomas Dinesen, c'est devant le spectacle grandiose du glacier d'Hardanger que sa sœur « avait ressenti pour la première fois la beauté des paysages de la campagne, ce dont elle avait toujours eu besoin. » (*ibid.*, p. 185).

La conjonction de ces deux éléments biographiques est encore plus parlante lorsqu'on tient compte d'une nouvelle dont Judith Thurman situe la rédaction à peu près à cette même période. Il s'agit du récit intitulé *Susanna*, qui a Paris – encore! – pour cadre géographique, et qui montre un jeune poète qui échappe à la tentation du suicide en découvrant la valeur de son talent. C'est semble-t-il au cours de l'année 1911 que Karen Blixen acquit cette conviction de « posséder au plus profond d'elle-même une qualité trop précieuse pour être détruite. » (*op. cit.*, p. 186).

La loterie (notons qu'elle apparaît dans un contexte parisien), la Norvège, la révélation de la valeur de l'art, et le sentiment de frustration qu'éprouve l'artiste, ces divers éléments qu'on retrouve dans *Le Festin de Babette* pourraient se rattacher au faisceau de réminiscences que je viens de rappeler.

Il est temps d'en venir à un argument particulièrement intéressant : les dates qui servent de jalons dans le déroulement du récit. La conteuse les a indiquées très clairement, mais comme elles apparaissent incidemment dans le court du texte, le lecteur a tendance à ne pas trop en tenir compte. La première indication se trouve tout au début de la nouvelle, lorsqu'on lit qu'il faut se reporter soixante-cinq ans en arrière. Comme *Le Festin de Babette* a été publié pour la première fois en 1950, on comprend que le narrateur fixe les événements qu'il décrit en 1885. Quand on apprend à la fin du même chapitre que Babette est arrivée à Berlevaag quatorze ans plus tôt, on comprend aussi que c'était en 1871, mais ce n'est qu'au chapitre quatre qu'on saisit l'importance de cette date. C'est la période de la Commune. L'arrivée de la Française est liée à l'échec de l'insurrection parisienne. Toutes les autres indications concernant les dates coïncident parfaitement. L'épisode avec le lieutenant Löwenhielm s'est passé en 1854, et c'est l'année suivante qu'Achille Papin a fait son séjour à Berlevaag. Si l'on ajoute seize ans, comme le chanteur le précise dans sa lettre, on arrive effectivement à l'année 1871, et les quatorze ans pendant lesquels Babette sert fidèlement les deux sœurs nous amènent finalement en 1885, qui est ainsi la date à laquelle le dîner mémorable a été organisé. Les deux points particulièrement dignes d'attention dans ce contexte sont l'importance accordée à la Commune et l'année 1885, qui se trouve être l'année de naissance de Karen Blixen. Ces deux détails conjugués fournissent un élément de réflexion intéressant pour l'interprétation.

Essai d'interprétation globale

Lorsqu'elle écrivait le texte du *Festin de Babette*, au cours de l'année 1949, Karen Blixen se préparait à un anniversaire qui – compte tenu de son sens aigu du rituel et du sentiment qu'elle avait de vivre en sursis – ne pouvait manquer d'avoir une signification particulière pour elle : celui de ses soixante-cinq ans. Le centième anniversaire de la naissance du pasteur se charge ainsi d'une valeur symbolique singulièrement révélatrice, puisque le narrateur situe précisément son « discours » soixante-cinq ans après les événements. L'importance de la date de naissance de Karen Blixen se trouve ainsi surdéterminée.

Il est intéressant de noter que le 17 avril 1950, jour de l'anniversaire en question, Karen Blixen avait invité une seule personne à dîner à Rungstedlund, et que c'était Ole Wivel, alors rédacteur de la célèbre revue *Heretica* avec Martin A. Hansen. Selon le récit que l'intéressé en a donné, la conversation a porté en bonne partie – à partir du dessert – sur le contenu et l'orientation de la revue, et la conteuse n'a pas caché son mécontentement et son profond désaccord avec les jeunes auteurs qui soutenaient l'entreprise. Elle leur reprochait en particulier d'avoir cédé à l'influence du dualisme hérité de la pensée chrétienne.

En réalité, *Le Festin de Babette* ne prend pleinement son sens que si on le rapporte à ce chapitre important de l'histoire littéraire danoise d'après-guerre. C'est une réponse très claire de l'auteur aux jeunes écrivains ambitieux qui cherchaient à donner une impulsion nouvelle à la littérature du Danemark. En écrivant ce récit, Karen Blixen précisait sa position dans une polémique qui durait depuis plusieurs années et qui lui tenait particulièrement à cœur. Au moment où elle le rédigeait, ses rapports avec les jeunes membres de « l'écurie Wivel » s'étaient de plus chargés d'une forte connotation sentimentale, en raison de sa liaison avec Thorkild Bjørnvig, l'un des deux premiers rédacteurs de la revue. On sait que cette liaison a commencé précisément au moment où Bjørnvig est venu s'installer à Hørsholm, pour être plus près des autres écrivains qui collaboraient à *Heretica*, soit à partir du printemps 1949. Le premier document de l'étrange « pacte » qui lia la conteuse au jeune poète date de janvier 1950.

Dans le livre qu'il a consacré à la description de sa liaison avec Karen Blixen, Thorkild Bjørnvig rend parfaitement compte du différend qui opposait le vieil écrivain à l'équipe qui rédigeait la revue d'avant-garde :

> Elle fondait sur *Heretica* de grandes espérances qu'elle avait le sentiment de ne pas voir se réaliser. Exceptionnellement peut-être, mais pour le reste, c'est la déception qui l'emportait, et il lui arrivait de critiquer la revue de A à Z, d'une voix sombre et plaintive ... Etant donné que la rédaction et l'éditeur s'étaient adressés à elle, elle estimait que la revue devait avoir un rapport avec sa conception de la vie et ses convictions, qui avaient un caractère païen et cosmique, s'appuyaient sur de vieilles traditions, et dans lesquelles des notions comme l'honneur et le destin étaient évidemment intégrées. Mais elle trouvait trop peu de cela dans Heretica, et se plaignait de ses convictions chrétiennes évangéliques et de sa philosophie humanitaire ... (10)

Ole Wivel a donné de la « religiosité » de la revue qu'il éditait une idée nuancée qui mérite d'être rapportée ici. Il se demande en effet si Karen Blixen croyait vraiment que celle-ci « avait quelque rapport que ce soit avec le christianisme sévère et puritain qu'elle connaissait par la lignée de sa mère ... Elle n'avait pas la moindre idée de la campagne que la théologie existentielle moderne avait lancée contre le moralisme et la tradition de l'Eglise, et elle n'avait pas la moindre idée de la dimension cosmique, du culte de la nature que la théologie grundtvigienne moderne cherchait à reformuler ». Faisant référence à la « théologie de la création » du théologien et philosophe danois Løgstrup, Wivel précise que, quant à lui, il ne se recommandait aucunement d'une « dogmatique chrétienne traditionnelle » et qu'en réalité, ses conceptions étaient apparentées par certains côtés à la vision que Karen Blixen avait de l'existence (11).

Il y a entre la polémique qui a opposé Karen Blixen aux écrivains de *Heretica* et le substrat autobiographique de la nouvelle un point d'articulation facile à identifier. En effet, dès sa jeunesse, la conteuse s'était révoltée contre le dualisme chrétien qui caractérisait sa famille maternelle, et c'est le même courant de pensée qu'elle combattait chez les collaborateurs de la revue. Tout bien considéré, la nouvelle pose le problème de la nature de l'art et elle répond très clairement que Karen Blixen était l'incarnation parfaite, le « Messie » de cette forme d'art.

La conteuse saisit l'occasion de la parution d'un roman de H. C. Branner, *Le Maître d'équitation,* au cours de l'hiver 1949, pour adresser une sévère mise en garde aux jeunes écrivains danois :

> Pressez les raisins du mythe ou de l'aventure dans la coupe vide du peuple assoiffé. Ne lui donnez pas du pain quand il veut des pierres, une stèle runique ou encore l'antique pierre noire de la Kaaba. Ne lui donnez pas un poisson, ou cinq petits poissons, ou quoi que ce soit du signe du poisson lorsqu'il désire un serpent. » (J. T., p. 590).

En réalité, la nouvelle analysée ici va exactement dans le même sens. Son idée procède bien de la même volonté de dépassement, de mise au rencart radicale de tout ce qui est « sous le signe du poisson » – titre d'un long poème de Ole Wivel publié en 1948 –, c'est-à-dire tout ce qui a un rapport avec la pensée chrétienne.

L'habileté de l'auteur du *Festin de Babette* est telle qu'un bon nombre de lecteurs ne se rendent sans doute pas compte de son intention réelle, mais il s'agissait bien, dans son esprit, de remplacer la religion chrétienne par le culte de l'art, conçu comme réponse à l'énigme de l'existence. Apparemment anodin, le texte tout en entier est pourtant placé, lui aussi, sous le signe du serpent, c'est-à-dire des forces démoniaques. La tête de la tortue qui servira à confectionner la fameuse soupe fait en effet penser à un reptile inquiétant. Le deuxième « daguerréotype » se termine par une allusion du même genre, puisque Karen Blixen y parle de son neveu qui devrait, selon elle, apprendre à faire des tatouages.

> Je mets ma confiance dans l'art du tatouage. C'est une sorte d'art rituel, un culte ... Dans le monde animal, son image symbolique la plus respectable est le serpent, représenté d'une façon passablement déplaisante – mais il fait penser à Chingachgook, le grand serpent, le père du dernier Mohican.

Et sans doute pour créer une association d'idées trompeuse mais rassurante – un peu comme dans la nouvelle –, elle signale que « le symbole archaïque, unique et triple de la foi, de l'espérance et de la charité est également hautement apprécié en art » (*op. cit.*, pp. 257-258).

Toute une série de détails contribuent à suggérer l'idée que Babette est en quelque sorte le « Messie » de cette nouvelle religion qu'elle représente. Dès le chapitre cinq, le lecteur se rend compte qu'elle possède des pouvoirs inhabituels, ses yeux ont une « force magnétique », elle peut faire des « miracles », elle a quelque chose de « mystique et d'inquiétant », et elle est comparée à « la pierre que les constructeurs auraient bien voulu voir rejeter », mais qui s'est transformée en « pierre principale de l'angle ». On sait que cette image est appliquée au Christ lui-même dans le *Nouveau Testament*. Cette pierre angulaire est aussitôt comparée à la pierre noire de la Kaaba, et on la voit réapparaître sous la forme de la pierre vert foncé qui n'est rien d'autre que la tortue elle-même. Toute la personne de Babette est entourée de mystère. Elle fait penser à une pythie, elle est en rapport avec des « forces dangereuses ». Ses préparatifs sont une sorte de « sabbat de sorcières ». Le garçon qui l'aide dans la cuisine a de plus les cheveux roux, couleur inhabituelle et traditionnellement porteuse d'une connotation inquiétante.

La comparaison avec le Christ est proprement évidente lorsqu'on considère le nombre des convives : ils sont douze, comme les apôtres, et ils participent à un repas qui rappelle celui de la Cène. Le texte renferme par ailleurs plusieurs allusions à divers récits du *Nouveau Testament* : les noces de Cana, premier miracle de Jésus, la Pentecôte, avec l'effusion de l'Esprit, le parler en langues ... Le thème de l'invitation au repas fait penser à la parabole des conviés. Les difficiles sacrifices que s'impose le « grand artiste » sont une sorte de chemin de Croix.

La magie de l'art, l'épiphanie finale, résolvent toutes les contradictions, apportent la réponse à toutes les énigmes de la vie. Le chapitre neuf, qui décrit les inquiétudes du général Löwenhielm, est capital pour la compréhension de l'ensemble. En effet, c'est là que le lecteur prend conscience du conflit intérieur qui déchire le vieil officier. Le petit discours qu'il prononce pendant le dîner est à cet égard très révélateur. Reprenant des paroles tirées d'un psaume, qu'il avait entendues dans la maison du pasteur, il comprend que sous le signe de l'art, toutes les oppositions disparaissent. La miséricorde n'a plus rien d'incompatible avec la vérité, et la justice va de pair avec la joie. La révélation qu'il reçoit alors lui permet de se réconcilier avec le destin. Son ancienne amertume se change en tranquille certitude. « La grâce est infinie », des puissances supérieures président à la destinée de chacun. Il suffit de leur faire confiance. De la même façon, l'art supprime tous les clivages sociaux, puisque la cuisinière, bien que femme du peuple, communie avec les connaisseurs – des princes, des officiers supérieurs – qui fréquentent le restaurant où elle exerce son « art », dans un culte universel qui ne tient aucun compte des affrontements sanglants qui déchirent la ville de Paris au moment de la Commune. L'art véritable, le grand art, supprime aussi l'opposition chrétienne entre la chair et l'esprit et introduit ceux qui s'y adonnent dans un ordre de choses transcendant qui échappe aux notions habituelles de temps et d'espace. C'est le temps du mythe, le Grand Temps métaphysique. Le glissement qui s'opère entre Philippa et Babette, dans le tout dernier paragraphe de la nouvelle, est à cet égard très significatif. C'est la grande artiste qui « ravira les anges » dans le « paradis », et non la fille du pasteur, comme Achille Papin l'avait écrit aux deux sœurs, au moment où il leur recommandait de recueillir la Française. On sait quelle importance Karen Blixen attachait aux « révélations » du type de celle que reçoit le général au cours du dîner.

On se souvient que les événements de la Commune, liés à une profonde déception amoureuse, ont créé un tel dégoût chez Wilhelm Dinesen qu'il partit précipitemment pour l'Amérique du Nord, où il resta pendant plusieurs années, vivant au contact des Indiens, avec qui il se sentait une profonde affinité. C'est une expérience tout à fait comparable que Karen Blixen a faite pendant les dix-sept années qu'elle a passées au Kenya. Au contact de la nature et de la pensée primitive, elle s'est rapidement convaincue que « Dieu et le Diable ne font qu'un »[12], adoptant ainsi un mode de pensée parfaitement incompatible avec la pensée chrétienne.

De la même façon que le contenu manifeste du Festin de Babette est habilement construit autour des événements de la Commune, le contenu latent constitue un réseau très dense de fils qui convergent vers le souvenir que l'auteur avait gardé de son père. On a le sentiment que Karen Blixen a projeté sur les divers personnages de la nouvelle plusieurs aspects de son problème existentiel. Le déchirement intérieur de Löwenhielm, militaire de carrière comme Wilhelm Dinesen, semble correspondre à l'angoisse qui a étreint le père de Karen Blixen en 1871. Quant à l'épisode de l'anniversaire et du dîner final, il apporte la solution à laquelle aspirait le général, tout comme la conteuse pouvait estimer qu'elle était elle-même en quelque sorte la réponse aux graves questions que se posait son père, questions non résolues qui l'avaient peut-être poussé au suicide.

La fin du *Festin de Babette* est une variation sur l'un des motifs auxquels Karen Blixen était particulièrement attachée : le retour au foyer de la « fille prodigue ». Ce dernier élément interprétatif renforce encore l'impression que l'inconscient de l'auteur a cherché à réparer dans cette nouvelle un traumatisme lié à un profond sentiment de frustration : la perte de son père et son opposition farouche à la famille de sa mère. Les rapports qu'elle entretenait avec cette dernière étaient d'ailleurs ambivalents. Elle lui a sans doute toujours gardé une réelle affection, et ce sont avant tout ses idées qu'elle combattait. Sous le signe de l'art, la réconciliation est possible. La forte émotion que ressent Philippa et l'admiration qu'elle voue à Babette dans la scène finale semblent représenter symboliquement le retour (triomphal) au foyer de la fille rebelle.

Le narrateur termine le premier chapitre de la nouvelle en prévenant son lecteur qu'il va lui fournir une « explication » à la présence de Babette dans cette lointaine vallée norvégienne, et il ajoute qu'il faut chercher celle-ci « plus loin que quatorze ans en arrière ... dans le monde secret du cœur ». Karen Blixen signalait peut-être par là qu'elle pressentait que son récit avait des racines plus profondes qu'il n'y paraît à première lecture. C'est précisément cette dimension cachée du texte du *Festin de Babette* que j'ai voulu explorer ici.

(Mai 92)

Notes

1. Je préfère traduire le danois *gæstebud* par « festin » plutôt que par « dîner ». Il me semble en effet que le sujet de la nouvelle a un rapport parodique avec la parabole du grand festin, du chapitre 22 de l'évangile de Matthieu, qui illustre une parole que Karen Blixen a sans doute voulu transposer dans le contexte de l'art : « Il y a beaucoup d'appelés, mais peu d'élus. »
2. Judith Thurman, *Karen Blixen*, Le Livre de Poche, 1982, p. 561. Pour plus de commodité, les citations tirées de ce livre seront désormais identifiées par les initiales J.T., suivies du numéro de la page en question.
3. Clara Svendsen, *Notater om Karen Blixen*, 1974, p. 45.
4. *Cf.* la première page de la notice introductive du livre de Judith Thurman, dans l'édition francaise du Livre de Poche.
5. Nous citerons d'après Karen Blixen, *Babettes Gæstebud*, Gyldendal, 1987. Ici : p.65.
6. *Essais*, Traduction Régis Boyer, 1987, p. 203.
7. Karen Blixen, *Den afrikanske Farm*, Gyldendal 1963, p. 39.
8. Notons qu'au point de vue phonétique, les deux noms ont une indéniable similitude : Ka-man-te/Ba-be-tte. Le nombre de syllabes et la sonorité des voyelles sont identiques. Quand on sait que l'auteur du *Festin de Babette* était très attentive aux combinaisons de lettres puisqu'elle excellait à élaborer des anagrammes, on acceptera sans doute de remarquer que, placées côte à côte, les initiales de ces deux noms de cuisiniers sont aussi celles de Karen Blixen elle-même. On peut aussi penser que la façon dont l'écrivain se faisait appeler, « baronne Blixen » (Baronesse Blixen), a également pu inspirer celle-ci. Le redoublement de la bilabiale « b » se retrouve dans le nom de Babette.
9. Willliam Dinesen, *op. cit.*, Rosenkilde og Bagger, 1988, p. 126. « Elle se tenait là ... tête nue, les cheveux défaits, et les mains couvertes de poudre boueuse ; ses yeux lançaient des éclairs, ses narines étaient dilatées et elle tirait. Elle était belle, charmante, sublime, jusqu'au moment où elle est tombée de la diligence. »
10. Thorkild Bjørnvig, *Pagten*, p. 35.
11. Ole Wivel, *Karen Blixen. Et uafsluttet selvopgør*, 1987, pp. 139-140.
12. Karen Blixen, *Den afrikanske farm*, p. 23.

Guy Vogelweith
Alcmène : *une affaire de divorce entre le narrateur et l'auteur*

Certains contes de Karen Blixen conduisent à réfléchir sur le désir de raconter ou d'écouter des *Eventyr* (par exemple, *L'Eternelle histoire*). D'autres récits, comme *Alcmène*, questionnent le besoin même de se raconter. Il est bon de voir clair en soi mais, pour y parvenir, peut-on dire que le genre autobiographique, (mémoires et confessions) où l'auteur se confond avec le narrateur, soit la meilleure voie à suivre ? N'est-il pas préférable, pour se tromper le moins possible sur son propre compte, de recourir à un type d'écriture, où, par l'abolition du *je*, une distance est maintenue entre auteur et narrateur ? C'est la démonstration qui va être faite dans *Alcmène*. Le narrateur, Wilhelm, dont la trajectoire conduit à un lamentable fiasco, continue de tricher aussi bien en cours d'écriture que dans sa vie et, de ce fait, il ne cesse de se voiler les raisons de son échec. Il n'écrit que pour se lamenter. En sens inverse, ce qui a pu causer l'échec d'une autre destinée, celle de l'auteur, (sur le plan amoureux), se trouvera peu à peu élucidé à travers le personnage d'Alcmène parce que son existence, loin d'être tamisée par le *je* d'une autobiographie, sera saisie par un récit à la troisième personne.

Pourquoi, seize ans plus tard, après les événements qui l'on conduit au désastre, Wilhelm prend-il la plume ? Est-ce parce qu'il continue de souffrir de cette blessure d'amour dont il est responsable, et que, peut-être, la douleur serait moindre s'il parvenait à se disculper grâce à une confession mensongère ? L'exercice est difficile pour Karen Blixen car comment rendre crédible pareille tentative de la part d'un narrateur qui voudrait en même temps se confesser pour s'absoudre et continuer d'avancer masqué pour ne pas avoir à battre sa coulpe ?

Alcmène : une affaire de divorce

La partie de cache-cache

L'auteur doit faire signe le plus tôt possible au lecteur pour l'inviter sans tarder à se méfier du narrateur.

Le conte a beau s'intituler *Alcmène*, c'est de Gertrude, l'épouse du pasteur, qu'il s'agit avant tout. C'est pour elle que Wilhelm éprouve les premiers émois érotiques et amoureux : « Je me souviens encore du jour où je compris pour la première fois toute l'affection qu'elle m'inspirait » (1). La traduction française risque fort ici d'induire en erreur. Le mot « affection » ne convient pas. On a dans la version anglaise : « I remember the first time that I realized how well I liked her » (2) et, dans le texte danois : « Jeg husker endnu den første gang det gik op for mig, hvor godt jeg syntes om hende » (3). Ce qui correspond au français « Je me souviens encore du jour où je compris pour la première fois à quel point elle me plaisait ». On peut traduire plus prudemment : « à quel point je l'aimais bien » sans jamais, bien entendu, oser : « à quel point je l'aimais ».

La juste appréciation de ce préambule a son importance pour mieux mesurer la duplicité du narrateur dans le passage qui fait suite à cette phrase :

> Un soir d'été, un groupe de jeunes gens et de jeunes filles du voisinage était réuni au presbytère, et jouait à cache-cache dans toute la maison. Je m'étais caché au grenier dans une sorte de débarras lorsque, tout à coup, la femme du pasteur y fit irruption et, sans savoir que j'y étais, se pressa derrière la porte, tout essoufflée d'avoir gravi les escaliers quatre à quatre. Puis elle sourit et posa un doigt sur ses lèvres.

La bonne foi de Wilhelm se trouve prise en défaut lorsqu'il termine ce récit par les mots « (...) alors qu'elle se croyait seule ». Car que s'est-il passé au cours de ces quelques secondes pendant lesquelles elle se tient cachée, dans le grenier, derrière la porte ? un petit geste assez symbolique pour un récit qui se déroule au XIXe siècle : « sa jarretière s'étant détachée par suite de la rapidité de sa course, d'un geste vif, elle releva sa robe et rajusta sa jarretière ». Comment nous faire admettre qu'elle « se croit encore seule » à ce moment précis alors qu'elle vient de sourire et de « poser un doigt sur ses lèvres » ?

Ce passage a dû d'ailleurs faire problème pour Karen Blixen puisque, dans la version anglaise, Gertrude ne sourit plus. Elle se contente de poser un doigt sur ses lèvres. Mais, surtout, il n'est plus question, pour le public anglais, de voir Gertrude rajuster sa jarretière. L'écrivain danois a-t-il eu peur de choquer les lecteurs anglais ou américains, même en 1942 ? Je pense plutôt que, ayant rédigé, dans un deuxième temps, le texte danois, elle a voulu être plus explicite en rajoutant ce sous-entendu qui ne permet plus de fermer les yeux sur un début de complicité.

On peut s'étonner d'une telle interprétation, étant donnée la différence d'âges entre Gertrude et Wilhelm. Mais celui-ci justifie sa prétention lorsqu'il précise qu'au cours de ce même été :

> Elle avait douze ans de moins que son mari et douze ans de plus que moi, de sorte que parfois elle paraissait être la contemporaine du maître, parfois celle de l'élève.

Il n'en demeure pas moins qu'il a alors onze ans et elle, vingt-trois ans. Cela ne l'empêche nullement de trouver « que le pasteur ne témoignait à sa femme qu'une sympathie insuffisante », dans un paragraphe où il souligne que Gertrude et son mari ne peuvent pas avoir d'enfants.

Il est d'ailleurs frappant que, plus tard, Wilhelm adulte se rappelle cette confidence du pasteur alors que l'élève avait tout juste douze ans : « Je crains de manquer à la fois de compassion chrétienne et de compréhension du caractère féminin ». Ne nous étonnons pas cependant, outre mesure, d'une telle précocité. La mémoire n'a pas d'âge pour ce qui nous tient tant à cœur. D'ailleurs, quelques lignes plus haut, l'auteur a déjà préparé le lecteur. Un professeur de Copenhague, de passage au presbytère, venait de faire l'éloge des charmes de Gertrude de manière très suggestive. N'est-il pas étrange, toujours pour l'époque, qu'un adulte se confie de la sorte lorsqu'il a pour tout auditeur un garçon de douze ans ? N'est-il pas encore plus surprenant que ce jeune confident ait pu se rappeler de tels propos vingt ans plus tard s'il n'y avait pas été particulièrement sensible ? On mesurera dès lors d'autant mieux la fourberie du commentaire qui suit aussitôt :

> Ce discours s'adressait à un jeune garçon et était peut-être frivole mais je ne me rappelle pas qu'il ait fait sur moi une grande impression. Je crois qu'il eut pour seul effet de me faire comprendre pourquoi je me trouvais si bien en compagnie de Gertrude.

Cécité et aveuglement

Cette rouerie ne vient pas au narrateur sur le tard lorsqu'il se met à écrire. On la trouve déjà à l'œuvre lorsqu'il s'agit pour lui d'apprendre à « lire ». Son premier exercice de lecture, (de véritable lecture) a lieu lorsqu'à l'âge de quatorze ans, il se dit hanté par un rêve insistant qui devrait l'avertir d'un grave danger (une manière pour le subconscient d'alerter une conscience désireuse de s'aveugler).

Le péril, qui le guette, est de passer à côté de la vraie vie en résistant à l'Amour. Plus précisément ici, l'erreur fatale serait de ne pas voir qu'il est voué (ou destiné ?) à celle qui sera adoptée par le pasteur. Avant même qu'Alcmène n'arrive au presbytère, Wilhelm a déjà fait un rêve sur elle : « je rêvai que je la rencontrais dans les champs, et que la lettre A, initiale de son nom, brillait comme de l'argent ». Avant même l'avènement de cette petite déesse de six ans, Gertrude murmure déjà à Wilhelm : « Et que dirais-tu de trouver une petite épouse au presbytère de Asvem ? ». (Le texte anglais précise bien « wife » et non « woman » tandis que la traduction française parle d'une « petite femme »). Le narrateur répond : « Cette idée me sembla ridicule ». C'est que son attachement à Gertrude est bien trop grand pour qu'il puisse admettre une telle perspective. Et ce sera là l'origine d'une résistance qu'il ne parviendra à vaincre que trop tard. Il gardera les yeux fixés sur Gertrude sans vraiment voir à temps qu'il est aimé d'Alcmène. Ce processus d'aveuglement est malgré tout reconnu par Wilhelm qui, après avoir parlé de ses sentiments de « chaste amitié » de « fraternité » et de « camaraderie » à l'égard d'Alcmène remarque finalement (je traduis de l'anglais car la traduction française passe à côté d'une nuance importante) :

> C'était un trait bien curieux de notre amitié que si, souvent, je rêvais d'elle, même après une journée où je n'avais pas eu la moindre pensée pour elle, il arrivait fréquemment à Alcmène, dans mes songes, de disparaître et de se perdre. On pourrait donc imaginer qu'à la longue, ces rêves m'auraient alarmé au point que je redoutasse de la perdre. Mais il n'en était rien. Au contraire, et pour mon malheur, ils me persuadèrent qu'Alcmène ressurgirait toujours à l'aube, quand bien même elle semblait avoir disparu à jamais.

Quelques lignes plus haut, Karen Blixen était intervenue dans le récit pour nous dire qu'en pareil cas même si un devin avait révélé à Wilhelm la signification de ses songes, ce dernier n'en aurait pas tenu compte : « un vieux pasteur, venu de Randers, s'étonna d'entendre appeler la fillette : Mené, et il s'exclama : « Mené, Téqel, Pharès! » (Daniel, V, 25) ». Au lecteur de se rappeler ce passage de la Bible où le prophète avait compris le sens des trois mots inscrits sur le mur, sans que le tyran menacé n'en tire le moindre profit.

Orgueil et préjugés

L'aveuglement de Wilhelm ne vient pas seulement de son désir pour Gertrude. Il s'explique aussi par le fait que, dans le village, il est le fils du seigneur et entend bien tirer tous les avantages de cette situation :

> Je ne me souviens pas d'avoir répondu par quelque commentaire aux confidences du pasteur. Pendant qu'il parlait, je pensais que mes propres sentiments n'étaient pas éloignés de ceux qu'il me décrivait mais si, chez lui, ils manquaient de bon sens, chez moi, ils étaient légitimes parce que j'étais le fils du propriétaire du domaine, et qu'à Norholm, au moins, tout se passait en fonction de ma personne et de mon intérêt.

Alcmène : une affaire de divorce

Cette outrecuidance peut se vérifier à la manière dont il rend compte bien plus tard de l'affaire Sidsel : Wilhelm a maintenant dix-sept ans (puisqu'il a six ans de plus qu'Alcmène et que celle-ci est alors âgée de onze ans!).

> Cette même année, à l'automne, j'eus une aventure, qui devait avoir une assez grande influence sur ma vie. Sidsel, une fille du village, eut un enfant qui mourut. (...) La fille m'attribua la paternité de l'enfant. Je ne croyais pas qu'elle eût raison, car elle n'était pas un modèle de vertu. Pourtant, dans le pays, on ferait des gorges chaudes de cette histoire. Mon père me dit – L'enfant est mort et Sidsel va épouser le garde-chasse.

Pour le père, investi notamment du pouvoir de choisir le pasteur qui bon lui semble pour la paroisse de son domaine, c'est un jeu d'enfant que d'intervenir pour étouffer la rumeur. Sidsel doit avorter et épouser le garde-chasse qui, bien sûr, n'a pas voix au chapitre. Pour la femme qui écrit ce conte, il y a là en fait un véritable meurtre : Wilhelm aurait dû reconnaître l'enfant. Mais, pour l'instant, si cet avortement permet de mieux mesurer la légèreté criminelle de Wilhelm, il va en même temps nous permettre de mieux comprendre Alcmène : « Elle cria : – comment oses-tu agir ainsi Wilhelm ? ». Ici, à l'occasion d'une lecture à voix haute, le ton juste n'est pas celui d'une petite bourgeoise jalouse et scandalisée mais d'une admiratrice pour le premier exploit de son héros (n'oublions pas que, dans la mythologie, Alcmène aura pour fils Hercule!). Bien sûr, l'exploit en question, pour l'instant, n'est pas d'avoir engrossé une fille de village. Wilhelm, qui ne comprend rien à la réaction d'Alcmène, reconnaît d'ailleurs : « Peut-être n'y faut-il pas autant de courage que le supposerait une jeune fille ». Alcmène se situe sur un tout autre plan :

> Elle me considéra gravement, et *avec fierté*, puis elle reprit : – Ne vois-tu pas que tu vas aller en enfer (...) Alors je partirai avec toi (...) Quant à l'enfer, si tu dois y aller, je veux bien y aller aussi.

On ne comprend bien ce passage que si on se réfère à une lettre que l'auteur écrivit à son frère en avril 1926. On y retrouve l'influence de Nietzsche dans cette admiration pour un renversement des valeurs qui permettrait de situer l'héroïne « au-delà du bien et du mal », si elle avait le cran de se hisser à de telles extrémités :

> « Te souviens-tu d'avoir, à Knuthenborg Park, parlé avec moi de Lucifer ? Et bien, j'en suis convaincue, Lucifer est certainement mon ange gardien. Et, pour Lucifer, la seule solution était bien la révolte et la chute dans son propre royaume (...) Mais Lucifer possédait une toute autre stature que son humble servante qui écrit ces lignes, qui est restée, elle, au paradis, qui y fait piètre figure et qui s'y est même laissé anéantir (...) J'ai trahi Lucifer et j'ai vendu mon âme aux anges du paradis » [4].

Pour l'instant, dans le récit, Alcmène a la stature d'un Lucifer. Elle n'est pas encore brisée par le formalisme et le conformisme de son entourage. Pourtant, déjà, elle étouffe et, à deux reprises, elle a tenté de fuir ce milieu paralysant. Son attirance pour les marginaux est claire. A l'occasion de la deuxième fugue, elle cherche à rejoindre une bande de romanichels soupçonnés d'avoir tué un vagabond l'année précédente. Le malentendu entre les deux jeunes gens du conte est donc total. Alcmène juge Wilhelm à l'aune des valeurs qu'elle admire pour le moment. Elle voit dans le crime de Wilhelm (l'assassinat d'un enfant) un acte qui le met au ban de la société. Elle n'y trouve que courage et bravoure, tant son amour pour lui la porte à ne voir que le versant « lumineux » ou Luciférien de l'exploit :

> Elle me considéra gravement et avec fierté, puis elle reprit : – Ne vois-tu pas que tu vas aller en enfer (...) Je pensais que jamais personne n'avait commis une action aussi mauvaise que la tienne.

Wilhelm aurait dû être à la hauteur d'une telle déclaration d'amour : « Quant à l'enfer, si tu dois y aller, je veux bien y aller aussi ». Il en comprend la portée mais se trouve fort loin d'en réaliser les exigences.

En cet instant, je perçus nettement que nous appartenions l'un à l'autre, Alcmène et moi (...) mais à la pensée de l'extrême jeunesse d'Alcmène, je jugeai que le moment n'était pas bien choisi pour une déclaration pareille.

Toujours empêtré dans un égocentrisme qui le rend soucieux des convenances, Wilhelm vient de laisser échapper l'occasion de faire preuve d'un minimum d'engagement face à la résolution d'Alcmène. Il est déjà trop tard et le texte va désormais basculer dans une toute autre direction.

La mort d'Alcmène

Quelques années plus tard, lors de leur voyage à Copenhague, tout semble encore possible pour les deux jeunes gens, si l'on en croit le narrateur :

J'avais pensé que toi et moi, nous ne devrions pas nous séparer, notre vie durant ». – L'as-tu vraiment pensé ? dit-elle ; Il est bien tard à présent pour parler ainsi (...) Toi, tu parles aujourd'hui de ma vie ; mais, auparavant, quand il était encore temps, tu n'as pas essayé de la sauver (...) Tu n'es pas venu à mon secours (...) Alcmène était seule (...) Elle n'eut d'autre parti à prendre que de mourir aussi.

Il suffit de reprendre les lettres que Karen Blixen écrivit à son frère les premier et trois avril 1926 pour y découvrir le matériau autobiographique destiné au personnage d'Alcmène. On y retrouve, presque mot pour mot, le même constat. Dans le récit, Alcmène s'écrie : « Non, je n'étais pas la plus forte ; c'étaient les autres qui étaient les plus forts. Comment en aurait-il été autrement, alors qu'ils étaient si bons, qu'ils avaient toujours raison » ? Dans sa lettre écrite, seize ans plus tôt, l'auteur disait bien la même chose :

> Je crois que cela a été pour moi un bien grand malheur que de grandir au sein de la famille, du milieu et de la « conception de la vie » qui m'ont vu naître et qui ont été les miens (...) leur grande bonté, leur bonté infinie ainsi que leur amour pour moi et tous les bienfaits qu'ils m'ont prodigués n'ont été qu'autant de malheurs de plus. Ils ont rendu toute fronde de ma part impossible.

Leur bonté a tué en elle cet esprit luciférien qui l'habitait dans sa jeunesse et qui lui aurait permis de s'épanouir si elle avait donné libre cours à son sentiment de révolte contre l'ordre établi. Il va de soi que, pour Karen Blixen, en 1926, cet esprit Luciférien n'est nullement une apologie du crime en tant que tel. Reprenant ici la tradition ibsenienne de *Peer Gynt*, il s'agit avant tout d'être « soi-même », c'est-à-dire d'échapper au néant en faisant preuve d'envergure et de constance dans une direction donnée, quitte à tout bousculer sur son passage, même ce que la morale du jour qualifie de Bien.

Quand, peu après 1926, Karen Blixen aura perdu sa double raison de vivre (l'amour de Denis, mort dans un accident d'avion, et la ferme africaine) elle sera comme morte. Seule l'écriture lui permettra de s'accrocher à une seconde existence. Mais, en attendant de pouvoir ainsi renaître, elle connaîtra un état de déréliction qui est celui d'Alcmène dans le *Conte d'Hiver*. Parlant d'elle-même à la troisième personne, puisqu'elle est morte, elle peut dire à Wilhelm : « Alcmène était seule. Et quand les autres sont morts et la firent assister à leur fin, elle fut incapable de leur résister encore ; elle n'eut d'autre parti à prendre que de mourir aussi ». La mort dont il est ici question est le deuil psychique de « soi-même ». Physiquement, elle survivra. Mais, pour ne retenir qu'un seul indice de cet anéantissement intérieur, elle aura été contaminée par la peur (celle de transgresser les exigences du bien) au point de vouloir transmettre ce « virus » aux autres, en emmenant par exemple Wilhelm assister à une exécution capitale à Copenhague. En effet, au commencement, lorsqu'elle arrive au foyer adoptif, elle ignore tout de cette « peur du gendarme » comme de toute peur en général sauf de la mort puisque pour l'heure elle est encore toute vie. Wilhelm nous rappelle que : « Cette enfant sans peur était épouvantée devant la mort (...) mais elle attrapait les serpents vivants sans aucune crainte ». Déjà, la mère adoptive, Gertrude, en « bonne éducatrice » estimait que « son premier devoir de mère consistait à apprendre à l'enfant à connaître la peur ».

Elle y aura pleinement réussi au point de faire de sa fille adoptive l'avocate, à son tour, de cette vision des choses (une fois que toute pulsion lucifèrienne aura été complètement annihilée chez l'adolescente). Lorsqu'Alcmène parvient à traîner Wilhelm jusqu'à Copenhague pour qu'il assiste à la décapitation d'un meurtrier, ce n'est pas pour le divertir mais lui faire prendre conscience de sa frivolité criminelle à l'occasion de l'affaire Sidsel :

> Non, dit Alcmène, ce n'est pas une occasion de se divertir, mais un avertissement pour ceux qui sont tentés de commettre eux-mêmes une action pareille, et que rien d'autre n'en saurait empêcher. La vue de cet homme les détournera de devenir pareil à lui.

La messagère de cet évangile de la peur et de la culpabilité aura pleinement accompli sa mission auprès de son ancien compagnon dont elle se venge d'ailleurs, peut-être, en même temps, faisant ainsi d'une seule pierre deux coups. Et dans l'aveu qui suit, en raison même de son importance, Wilhelm, pour une fois, ne triche plus dans son récit :

> Je fus pris d'une grande frayeur et distinguai nettement que les forces au milieu desquelles j'avais vécu avec tant d'insouciance étaient plus puissantes, plus formidables que je ne m'en doutais, et que mon propre univers risquait de s'effondrer.

Il ne s'en remettra pas et, seize ans plus tard, quand il entreprend de raconter cette histoire, à l'âge de trente-sept ans, on le retrouve dans la plus grande solitude, après avoir rompu des fiançailles que son père avait arrangées : « Le monde entier me semblait infiniment triste ». L'échec est total. Le narrateur finalement le reconnaît. Mais il n'avoue pas que son « insouciance » est à l'origine de cette catastrophe. La seule à sortir gagnante de ce récit est peut-être Gertrude, mais il s'agit là d'une tout autre histoire, même si elle traverse le même conte. N'est-ce pas d'ailleurs, pour elle, une misérable victoire que d'avoir su garder à ses côtés la petite Alcmène, âgée maintenant de trente et un ans, devenue cette morte-vivante qui fait figure dans la contrée non seulement de « mythe » comme l'indique la traduction française mais également de « sorcière » (5) mot central que l'on ne trouve que dans le texte danois.

C'est grâce à cette distance entre l'auteur, dans la vie, et son double, dans le récit, que Karen Blixen croit pouvoir ainsi s'analyser au plus près sans se ménager, au besoin, pour mieux rebondir dans l'existence et prendre un nouveau départ. D'ailleurs, dès le début de sa carrière d'écrivain, elle établit toute la distance voulue en empruntant le masque du sexe opposé à travers le prénom masculin d'Isak.

Notes

1. Karen Blixen, *Contes d'Hiver*, Paris, Gallimard, 1970, p. 197 (Folio) traduit de l'anglais par Marthe Metzger (le texte anglais actuellement dans le commerce omet certains points que l'on retrouve seulement dans la version danoise).
2. Isak Dinesen (Karen Blixen), *Winter's tales*, London, 1983, Penguin Books (édition fondée sur le texte publié par Putnam en 1958), p. 107 (La première édition date de 1942).
3. Karen Blixen, *Vinter-Eventyr*, Copenhague, Gyldendal, 1950, p. 182 (3è édition ; la première date de 1942).
4. Karen Blixen, *Lettres d'Afrique*, Paris, Gallimard, 1985, pp. 278-287.
5. *Ibid*, p. 221, dernier mot de la onzième ligne : « Heks ».

Les Auteurs

Marc Auchet, professeur de scandinave, Université de Nancy II, France. Traducteur de *Nouvelles danoises contemporaines* et *Contes* de Andersen. Auteur de *Kaj Munk* (PUN, 1993).

Birgitte Blomquist Debusigne, traducteur-interprète danoise. Auteur d'une thèse sur Karen Blixen.

Philippe Bouquet, professeur de scandinave, Université de Caen, France. Il a rédigé des dizaines d'articles sur la littérature scandinave moderne.

Régis Boyer, professeur de langues, littérature et civilisation scandinaves, Université de Paris IV Sorbonne, France. Auteur de nombreux ouvrages sur les sagas, les vikings et les religions de l'Europe du Nord.

Bo Hakon Jørgensen, maître de conférences de danois, Université d'Odense, Danemark. Auteur de nombreux ouvrages, entre autres, avec Marianne Juhl, *Dianas hævn* (sur Karen Blixen ; Odense Universitets Forlag 1980).

Ib Johansen, maître de conférences d'anglais, Université d'Aarhus, Danemark. Auteur de *Sfinksens forvandlinger* (Aarhus Universitetsforlag 1986).

Morten Kyndrup, maître de conférences de littérature générale, Université d'Aarhus, Danemark. Auteur de nombreux ouvrages, entre autres *Framing and fiction* (Aarhus Universitets Forlag, 1992).

Johan de Mylius, maître de conférences de danois, Université d'Odense, Danemark. Auteur de nombreux ouvrages sur des écrivains danois.

René Rasmussen, maître de conférences de littérature générale, Université de Copenhague, Danemark. Auteur de nombreux ouvrages, entre autres *Slut! Begynd. En psyko-narrativ analyse af James Joyce : « Ulysses »* (Politisk Revy, København 1996).

Merete Stistrup, ancienne lectrice de danois, Université de Lyon II, France.

Guy Vogelweith, professeur de scandinave, Université de Strasbourg II, France.